歴史文化ライブラリー

437

松陰の本棚

幕末志士たちの読書ネットワーク

桐原健真

吉川弘文館

目　次

凡　例

・引用にあたっては、適宜、読者に便のあるよう句読点やルビ、および送り仮名等を付した。なお、ルビについては現代仮名遣いを用いた。また傍点や〔　〕はことわりのない限り引用者によって付された注記である。
・漢字等の用字については、現在通行のものに統一し、「々」以外踊り字を用いていない。ただし、仮名遣いに関しては原文のままである。
・松陰の文章については、大衆版『吉田松陰全集』（大和書房、一九七二〜七四年）を用いたが、その巻頁については付していない。なお、定本版全集（岩波書店、一九三四〜三六年）から引用した箇所もある。
・漢文の引用に際しては、基本的にこれを書き下した。
・松陰号は、脱藩から帰国した後の一八五二（嘉永五）年ごろから用いられるようになったものであるが、本書ではそれ以前についてもこの号を用いた。

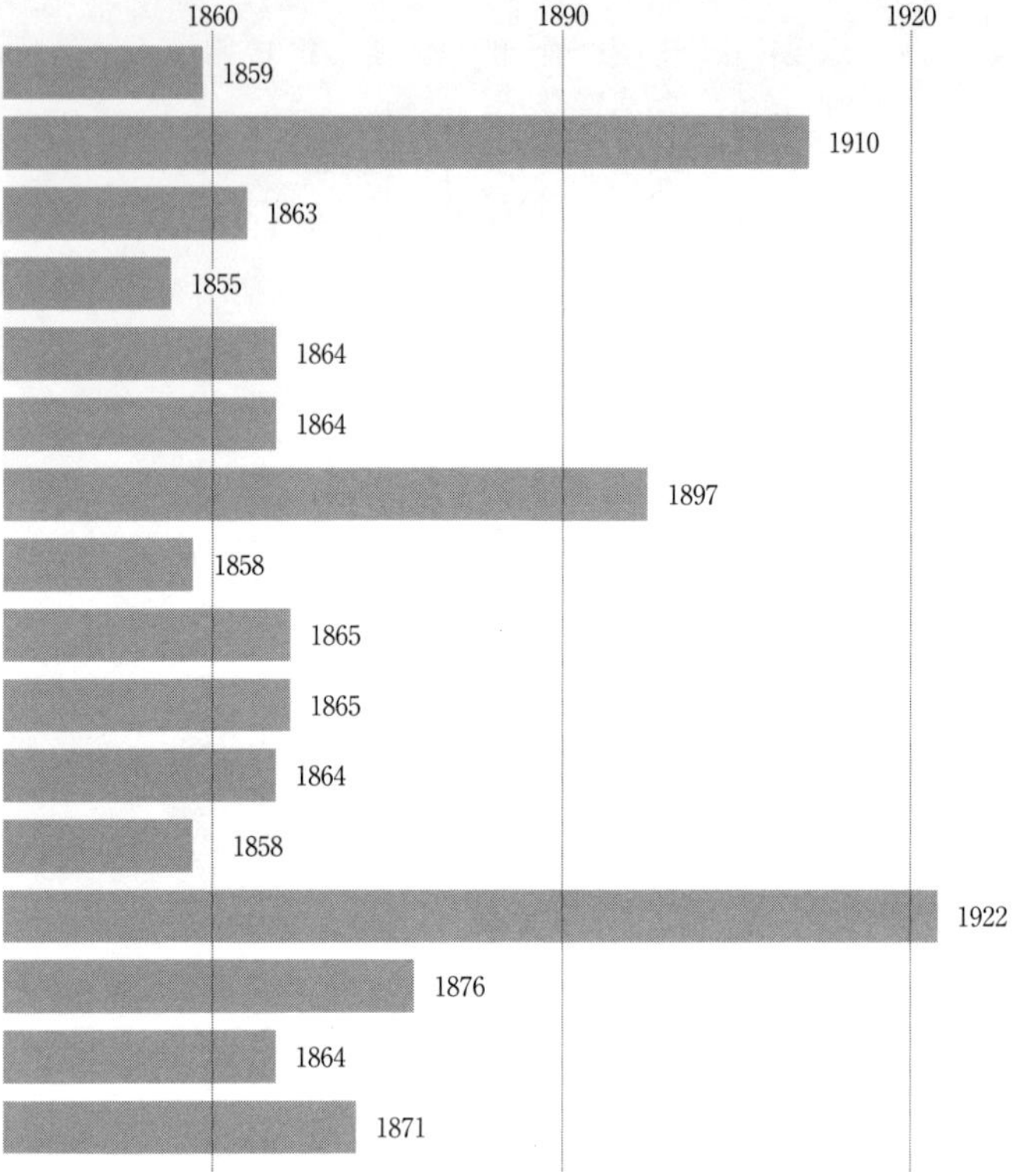
1860
1890
1920
1859
1910
1863
1855
1864
1864
1897
1858
1865
1865
1864
1858
1922
1876
1864
1871

在世年表

9　関連人物在世年表

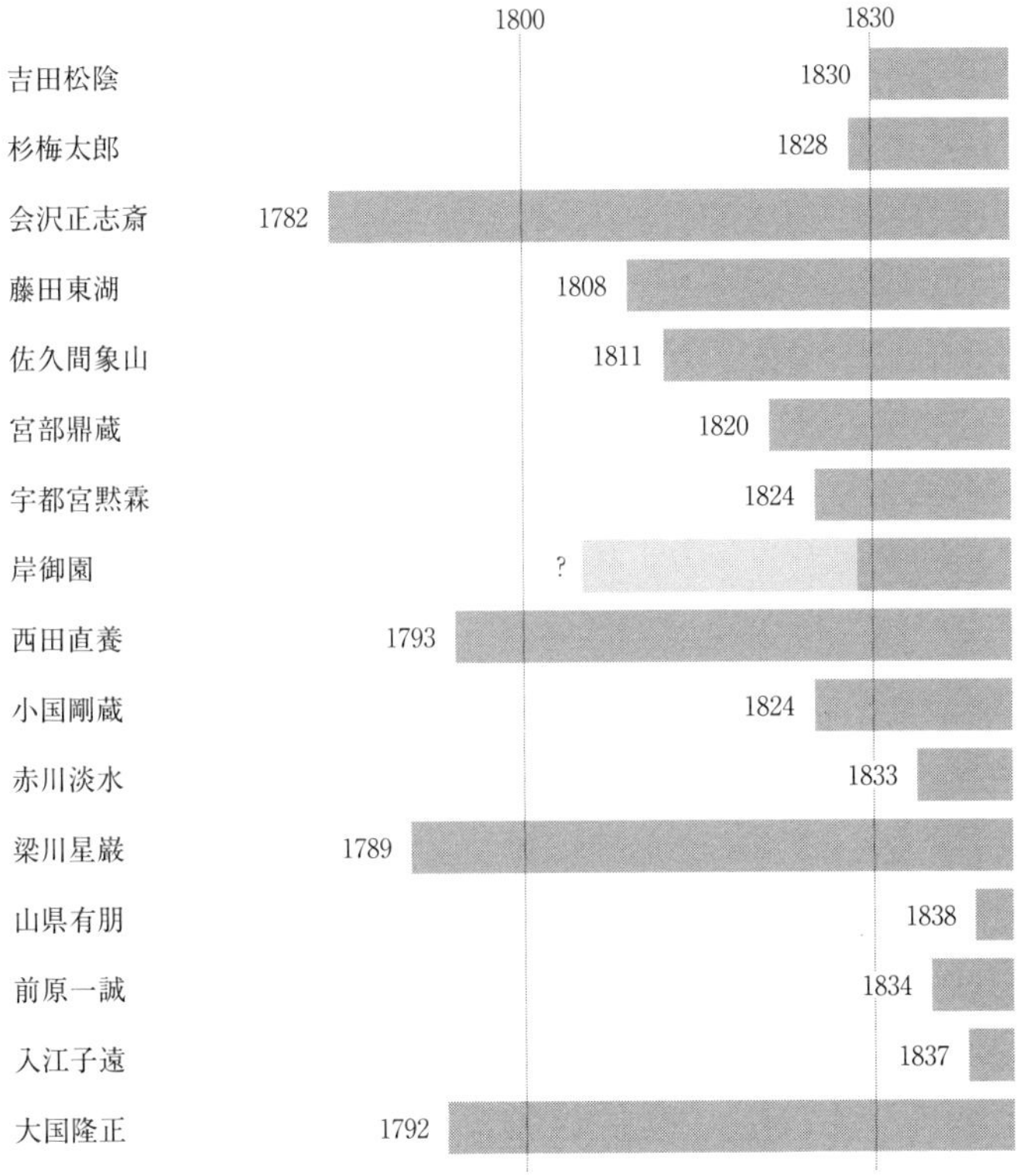

関連人物

読書魔の志士——プロローグ

テキストの不安定性

プラトンは、文字で記されたことばがいかに不安定なものであるかについて、いつものようにソクラテスの口を借りて次のように書き残している。

書かれたことばの語りは、あたかも何か考えているかのように見えるだろう。しかし、内容について知りたいと思って問いかけても、それらは書かれていることを繰り返すだけなのだ。それにことばというものは、ひとたび書き表わされてしまうと、それを理解する人々のところであろうと、全く興味の無い人々のところであろうとお構いなしに彷徨《さまよ》い歩く……そして、誤って扱われたり不当に罵《ののし》られたりしたときは、いつでもそれを著した父親の助けを必要とする。なぜなら、書かれたことばは、自分自身を守ることも助けることもできないのだから。

（『パイドロス』275D-E）

たしかに、そうだ。ひとたび書かれてしまった文章は、それが公にされるや否や、親の手を離れて、見ず知らずの人々のもとに行くこととなる。こうなると生みの親は、この子を常に守ってやることはできない。かくしてその子は、親の真意とはお構いなしに、新しい養い親によってさまざまに解釈され、ときには誤読されてしまう。書かれたことばとしてのテキストとは、こうした不安定性を抱えた存在なのである。だがしかし、そうしたさまざまな読まれ方が存在し得るということは、一方で、そのテキストが、まったく異なった文脈《コンテクスト》の下に、新たな生命を与えられる可能性があることをも意味しているのではないだろうか。

このように考えたとき、あるテキストについての検討というものは、そこに書かれた文字の意味内容のみを対象とするのではなく、それが置かれた空間的・時間的な文脈をも含まなければならないということに気づかされる。すなわちそれは、「何が書かれているか」というテキストそれ自体への問いではなく、「いかに存在し、いかに読まれたか」という社会的関係のうちにテキストをとらえようとする態度にほかならない。本書は、幕末日本におけるこうした書物の社会的な存在形態について明らかにすることを目的とする。そして、その叙述の中心的人物こそが、幕末志士の吉田《よしだ》松陰《しょういん》（一八三〇〈天保元〉～一八五九〈安政六〉）である。

以下本書では、松陰の思想形成過程に沿いながら、「稀覯《レア》本」としての『新論《しんろん》』を求め続けた知的遍路や、投獄中や幽囚中に大量の書籍をもたらすためのたゆまぬ努力、そして書籍の貸借行為が実は同志糾合のツールともなっていたことなどを明らかにしていくこととなろう。それは、「情熱的で激烈な尊攘志士」といった一般に流布するイメージとは異なった、新たな松陰像の描出でもある。

図1　絹本着色吉田松陰像
（自賛，山口県文書館蔵）

読書とその記録

近年、思想史・文化史の分野において、徳川時代における読書に関する研究が盛んである。しかしこれらの研究の多くは、「何が読まれたか」という書誌学的な問いから出発しているのではない。むしろ、若尾政希氏の「太平記読み」に関する論考（『「太平記読み」の時代』平凡社、一九九九年）や「会読」を通した知の共有の在り方を論じた前田勉氏（『江戸の読書会』平凡社選書、二〇一二年）のように、ある人物が「どのように読書をしたか」あるいは、あるテキストが「どのように読まれたか」といった、読書という行為それ自体が主題となっている。

こうした研究動向は、これまでの文献解釈学的な方法論とは異なる新しい分析視点を提供していると言えよう。すなわちそれは、読書や書物の存在形態を問うことにほかならない。この意味で、本書が取り上げようとする吉田松陰は、この問題設定にかなった人物であると言える。というのも、読書魔であった彼は、同時に記録魔でもあり、彼がどのような社会的環境のなかで読書を続けていたかを書き残しているからである。

長州《ちょうしゅう》藩士・杉百合之助《すぎゆりのすけ》の次男として生まれた松陰は、数えにしてわずか五歳で、山鹿《やまが》流兵学師範であった叔父吉田大助の養子となり、翌年にはこの養父の病没によって吉田家を嗣《つ》いだ。彼にとって、兵学とは人生そのものであり、幼くしてはこの周防《すおう》・長門《ながと》二国の、長じては日本一国の防衛をみずから任じていた。「彼れを知り、己れを知らば、百戦殆《あや》ふからず」とは孫子《そんし》より伝わる兵学の基本である。それゆえ、西洋列強の実状を知り、また自身の置かれた環境や進むべき道を知るために、彼は古今東西の書籍を読破し、玉石混淆な情報を収集し続けた。

松陰によるこうした営みは、長州藩校の明倫館《めいりんかん》で教鞭を執っていたときから始まり、諸国を遊学し、あるいはペリー・プチャーチン米露両艦隊への密航を試み、その失敗のために投獄・幽囚の身の上となったときにおいても変わることはなかった。そして安政の大獄によって江戸伝馬町《てんまちょう》の獄に下った最晩年――と言っても、数えにしてわずか三〇歳に過ぎなかったのだが――に至るまで、彼は読書し、記録し続けたのである。

文人と志士のあいだ

もとより近世日本の知識人は、おしなべて読書を好み、また記録を好んだ。むしろこうした行為こそが、「文人」としての必須の要件であったとも言える。たとえば、大田南畝《おおたなんぽ》（一七四九〈寛延二〉～一八二三〈文政六〉）が書き残した膨大な記録・随筆である『一話一言』などは、その一つであろう。ほかにも文人たちは、みずからのもつネットワークを駆使して、貴重書や重要文書を収集し、「叢書」や「雑録」といった名でこれを編纂《へんさん》したのであった。

松陰もまた、書を読んではこれを抄録し、さらには、みずからの号（二十一回猛士）から名を取った「二十一回叢書」などにまとめている。しかし彼は、記録することそれ自体が目的であったような多くの文人たちとは、異質であった。なぜならば、彼の筆は、つねに「尊王攘夷《そんのうじょうい》」という政治的志向の下に動いていたからであり、これこそが、彼が「文人」ではなく「有志の士」すなわち「志士」と呼ばれた所以《ゆえん》でもある。

国事に奔走する同志たちとは異なり、松陰には多くの時間があった。それは、ペリー艦隊への密航計画の失敗のために、一般社会とは離れた投獄・幽囚の日々を送っていたからである。それゆえ、「首を図書に埋《うず》め」るような生活が可能であった彼は、みずからの境遇を「天下の至楽」と称している（「桂小五郎に与ふる書」一八五七〈安政四〉年一〇月二九日付）。もちろん、投獄からわずか五年にして安政の大獄に斃《たお》れることとなる彼にとって、その残された時間は決して長くはなかったはずである。しかしそのなかで、彼は書物を通じて、日本や世界を読み解き、またそこから得られた知識を各地の志士たちと融通しあうことで、その「志」の共有を図っていった。以下、本書では、幕末志士たちの間において、書物がどのような役割を果たしたかについてみていくことになろう。

プラトンの警句と系譜論

こうした幕末の志士たちに、きわめて大きい影響を与えたのが会沢正志《あいざわせいし》斎《さい》の『新論』（一八二五〈文政八〉年）に代表される水戸学（後期水戸学）であったことは言うまでもない。しかしここで想起しておきたいことは、本章冒頭にみたテキストの限界性を指摘するプラトンの警句である。

テキストが生みの親の意図とは異なる形で読まれてしまうように、思想の受容においてもまた、その体系のすべてが、そのまま継受されるとは限らない。すなわち、テキストとして紙上に著された学問的党派としての水戸学の思想原理が、水戸藩尊攘派をはじめとした尊攘派一般の行動原理と絶対的に一致するわけではないのである。

ある思想が、現実的な行動の段階へと移ったとき、その思想はときに誤読され、あるいは読み替えられたりすることが少なくない。たとえば、フランス労働者党におけるマルクス理解の教条性を皮肉って、「私が分かるのは、私がマルキストでは無いということだ」とマルクス自身が語ったとされることが思い起こされる（エンゲルス「シュミット宛」一八九〇年八月五日）。すなわち、誰に師事したかであるとか、どのような著作に接したかといった形式的な系譜論だけでは、その人物における思想と行動を検討するには不十分なのである。

現代のわたしたちは、さまざまな叢書や刊行物によって、水戸学者たちが残した著作の多くを読み、そしてこれらを通して彼らの思想構造を把握し、いわば純粋な形での水戸学の思想体系を描き出すことができる。しかし当時の多くの人々にとって、水戸学とは、わずかに刊行された著作――しかも地下出版である場合もあった――や写本などによって、ようやく接することができるものであった。彼らは、そうした多からぬ情報源と「処士横議」と呼ばれる横断的な交流によって、「水戸学」や「尊王攘夷」へのイメージをふくらませていったのであり、その際に大きな寄与を果たしたのが『新論』であった。まずは、この書をとりまく当時の社会状況を検討することで、幕末期の書物をめぐる文化史的環境を概観していこう。

志士たちのバイブル

国体論の誕生

「明治維新の経典」

「志士たちのバイブル」（源了円『徳川思想小史』中公新書、一九七三年）と、後世呼ばれるようになった書がある。それほどまでに、志士たちに愛読されたということであり、松陰もまたその愛読者の一人であった。とは言え、尊王攘夷を掲げた彼らの多くが、キリスト教を邪教視していたことを考えれば、「バイブル」と呼ぶのは少々妥当ではないかもしれないが、戦前には「明治維新の経典《けいてん》」（高須芳次郎『会沢正志斎』厚生閣、一九四二年）とも呼ばれており、これもまたその影響力の強さをよく表現していよう。

幕末の志士たちがこぞって必読書とみなしていたこの書のタイトルは『新論』と言う。

これは、後期水戸学の大成者として知られる会沢《あいざわ》正志斎《せいしさい》（一七八二〈天明二〉～一八六三〈文久三〉）が、一八二五（文政八）年に著したものであり、しばしば彼の主著とされるものでもある。

会沢がこの書を「新論」と名付けた理由は、書中からは明らかには分からない。ただ、一八世紀後半ごろから、それまでの学問体系に対する疑問や、現状の改革を目指す人々によって、しばしば「新論」ということばは用いられるようになっていた。たとえば、朱子学的な名分論に基づいて、尊王斥覇（王者を尊び、覇者を排斥する）を唱え、幕藩体制を強く批判し、ついに幕府の処罰を受けた山県大弐《やまがただいに》（一七二五〈享保一〇〉～六七〈明和四〉）の『柳子新論《りゅうししんろん》』（一七五九〈宝暦九〉年）は、その先駆的著作であった（明和事件）。会沢もまた、こうした思潮に呼応する形で、のちに「バイブル」や「経典」と呼ばれるこの書を著したのであろう。

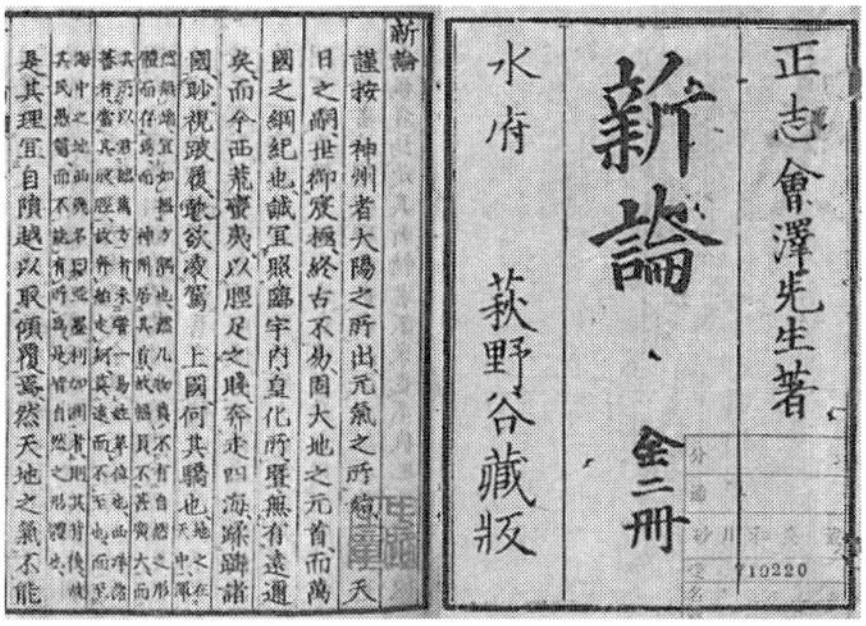

図２　会沢正志斎『新論』

今日、『新論』と言えば、その五論七篇のうちの三篇を占める「国体篇」に注意が向けられる。すなわち『新論』こそが、近代天皇制において「魔術的な力」（丸山真男『日本の思想』岩波新書、一九六一年）をふるった「国体」ということばの思想史的な源流だと考えられているからである。もとより会沢以前にも、「国体」の語はさまざまな著作において用いられているが、そこに万世一系の天皇を戴く日本の歴史的・政治的な特性といった意味をはじめて与えた点に、『新論』の思想史的意味がある。この点で、「国体」は、まさに幕末における新語・流行語であった。

「国体」という流行語

それゆえ、幕末日本の知識人たちのなかには、この「国体」なる単語を、耳慣れない新奇なことばとして受け止めるものもいた。たとえば、吉田松陰と「国体論争」（橋川文三「国体論の連想」一九七五年）を展開した老朱子学者の山県太華《たいか》は（一七八一〈天明元〉～一八六六〈慶応二〉）、次のようにその違和感を表明している。

国体と云ふこと、宋時の書などに往々之れあり、我が邦の書には未だ見当らず。水府に於て始めて云ひ出せしことか。

（山県太華「講孟劄記評語・下の二」一八五六〈安政三〉年）

「国体」ということばは、中国宋代の書籍にはしばしば見られたが、日本の書籍には見たことがない。おそらくは水府すなわち会沢を代表とする水戸学派の人々が言いはじめたのだろう――と太華は指摘する。こうした太華の発言は、「国体」が耳慣れぬ新語であるからというたんなる感覚的な拒否反応に由来するものではなかった。すなわち、『国史纂《さん》論《ろん》』（一八四六〈弘化三〉年刊、三三頁図6参照）を著すなど、日本歴史にも造詣《ぞうけい》が深かった太華は、「国体」なるものが、近世日本の学術世界において主題とされたことは、かつてなかったという確信をもっていたに違いない。

会沢国体論の源泉

なお、確かに太華の指摘するように、宋代の著作には、しばしば「国体」の語が見られる。「宋時の書」における「国体」の用例としては、たとえば、「紀綱（制度や規則）を存し、以て国体を立つ（存紀綱以立国体）」（李幼武『宋名臣言行録別集』、朱熹《しゅき》の『宋名臣言行録』を受けて編まれた）といった表現が挙げられるであろう。これは、北方の金（一一一五～一二三四）による侵略を受けていた高宗《こうそう》（南宋初代皇帝）に対して提出された、胡寅《こいん》（一〇九八～一一五六、儒学者で官僚。剛直で知られ、対金講和派の秦檜《しんかい》に疎《うと》まれた）の上書に見られるものである。

こうした用例の多くは、「国家之体」といった「国の在り方」の意味を表す普通名詞として用いられており、そこに、会沢の主張するような、祭政一致論に基づく自民族中心主義的な内容を見出すことは難しい。だが、「国体」が、宋代における政治的議論のなかで一つのキーワードとなっていた背景には、金さらには元（一二六〇～一三六八）といった外敵に対する強い危機意識が存在していたのであり、このことは、「内憂外患」が現実的問題として語られるようになった一九世紀前半の日本との親近性をみることができるであろう。

こうした宋代国体論を受けて、会沢が自らの国体論を展開したとすれば、「宋時の書などに往々之れあり」という太華の指摘は、ある意味正鵠《せいこく》を射ていたとも言える。すなわち会沢は、強烈な対外的危機意識をもった人物だったのである。そしてこうした意識は、彼と水平線の彼方からやってきた「他者」との邂逅《かいこう》がもたらしたものであった。

一九世紀の世界史的状況

今日でこそ日本は捕鯨国の代表であるように認識されるが、かつては欧米諸国もまた大規模な捕鯨活動を展開していた。しかし、欧米捕鯨船によって捕獲された鯨が食用に供されることはほとんどなく、多くの場合、鯨油（灯油）やクジラひげ（工芸用のばね）などの加工原料として用いられたのであった。欧米諸国による捕鯨は、一七世紀には大西洋を中心に展開していたが、乱獲のために漁場が急速に衰退してしまう。このため一八世紀後半には、彼らの活動地域は北太平洋に移っていった。当時の米国はまさに捕鯨大国であり、鯨油から精製された鯨鑞《げいろう》は、ろうそく生産に用いられ、その主要な輸出品目の一つであった。米国にとって、捕鯨船の安全な航行が重要な国家的課題であり、このことが後のペリー艦隊派遣へとつながっていったことはよく知られている。

こうした活発な捕鯨活動は、日本を取り巻く海域でも展開されていた。H・メルヴィル（一八一九～九一）による『白鯨 *Moby-Dick*』（一八五一年）での主戦場の一つが日本近海であったように、欧米捕鯨船は「固く閉ざされた日本列島 impenetrable Japans」（CHAPTER 111. The Pacific.）への接近を繰り返していた。これが、一九世紀の日本を取り巻く世界史的状況であった。

大津浜事件

一八二四（文政七）年五月に、常陸国大津浜《ひたちのくにおおつはま》（現茨城県北茨城市）へイギリス捕鯨船員が上陸したことは、こうした国際環境の変化の余波であった。この大津浜事件は、ここを領有する水戸藩が主として対応したものであったが、同年七月の宝島事件において勃発したような武力衝突（薩摩藩の役人がイギリス捕鯨船員一名を射殺）が生じることはなかった。日本側は、食料や飲料水を給与することで、捕鯨船を平和裏に退去させたのである。しかしこうした相次ぐ西洋船との接触が、翌年の異国船打払令

（無二念打払令）へとつながったのであった。

大津浜で捕縛された捕鯨船員の尋問に際しての、水戸藩側担当者が会沢であった。とは言え、英語はおろか蘭語も解さず、わずかに「蘭字を素諳する」（寺門謹《てらかどきん》「会沢先生行実」一八六三〈文久三〉年、原漢文）程度でしかなかった彼にとって、「諳夷《あんい》」（諳厄利亜《アンゲリア》＝イギリスの夷狄《いてき》）の尋問には、困難がともなわざるを得なかった。しかし彼は、世界図や筆談によって意思疎通を図り、捕鯨船の国籍やその航路に関する情報などを得たのであった。

会沢正志斎の本棚

会沢が尋問の際に用いたとされる世界図が、左の松原右仲《まつばらうちゅう》『万国輿地《よち》全図』（文化年間〈一八〇四〜一八〉刊）である。ここに掲げたものは、まさに会沢手沢本であり、現在は東北大学附属図書館の狩野《かのう》文庫に収められている。右仲は蘭学者ではないが、彼らと深く交流をもった備中《びっちゅう》松山藩の儒学者であり、腐食銅版画（エッチング）という当時としては珍しい手法によって描かれたこの世界図は、こうした右仲の親交の賜物でもあったと言える。

この会沢手沢になる世界図は、本来は彰考館《しょうこうかん》の所蔵であった。現在、東北大学附属図書館のウェブサイトにおいて写真版が公開（配架番号：3-9414-1）されているので、瓢箪型の彰考館蔵書印をカラーで確認することができる。狩野文庫の生みの親である狩野亨吉《こうきち》

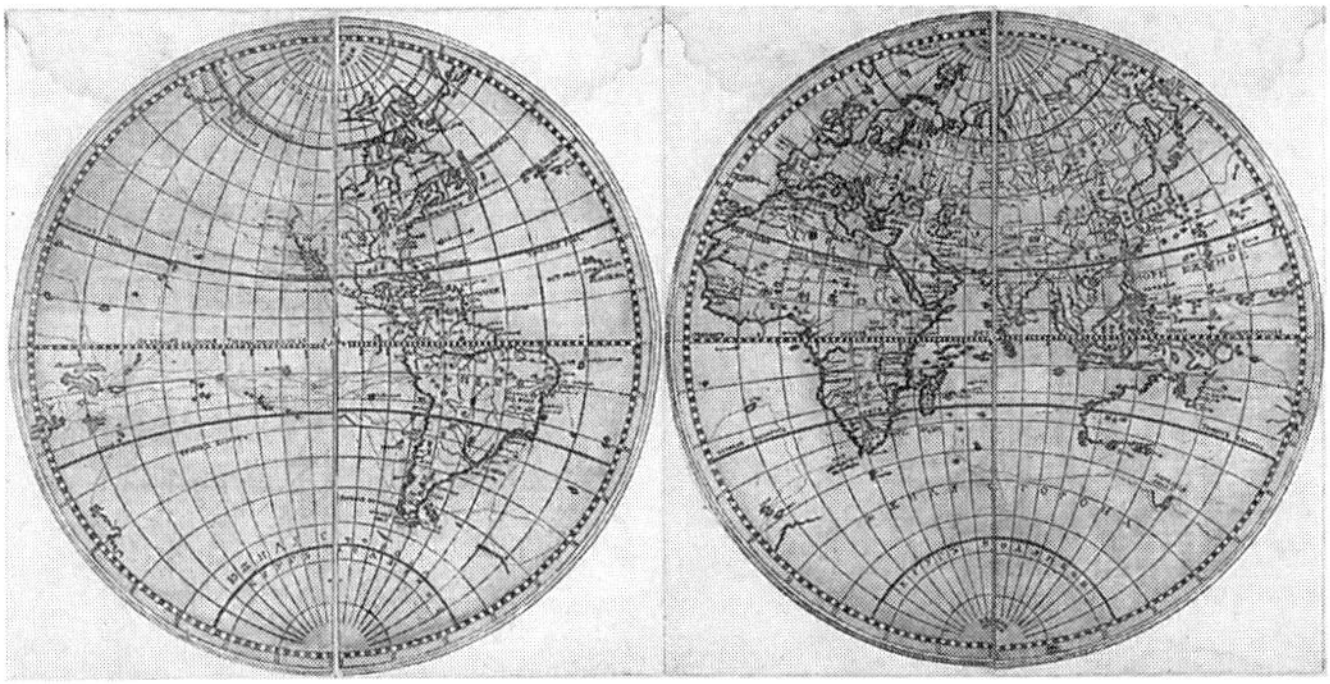

図3　彰考館旧蔵・松原右仲『万国輿地全図』（東北大学附属図書館蔵）

（一八六五～一九四二）が、どのような経緯でこの世界図を入手したかは定かではないが、確かにそれはかつて彰考館に架蔵されていたのである。

　そもそも彰考館は、水戸藩の二代藩主徳川光圀《とくがわみつくに》（一六二八〈寛永五〉～一七〇〇〈元禄一三〉）が、『大日本史』（一九〇六〈明治三九〉年完成）を編纂するための史局として一六五七（明暦三）年に設立したものである。この編纂事業は光圀の死後も継続されたため、彰考館はいわば近世日本における学術センターの一つとして機能し続けた。イギリス捕鯨船が大津浜に来港した当時、この彰考館に出仕していたのが会沢であり、彼はのちに彰考館総裁（一八三一〈天保二〉～三九〈天保一〇〉）ともなる碩学《せきがく》でもあった。

　二〇代半ばにして多数の世界地理書を下敷きに、『千島異聞』（一八〇六〈文化三〉～〇八〈文化五〉年ごろ成立）を著したように、会沢は北方ロシアの動静をはじめ、海外情勢に強い関心を抱いていた。こうした彼の情報源の多くを支えたのが、彰考館蔵本や交友関係のなかで入手した書籍群であった。彼は、この彰考館架蔵の世界図を手に、捕鯨船員たちを尋問すべく、自藩の北限にあたる大津浜へと出張したのである。

文政七年の異文化交流

先に触れたように、会沢の甥で門人でもあった寺門謹は、「会沢先生行実」において、彼が「蘭字を素諳する」ことができたとのみ記している。

しかし、実際には会沢はロシア文字を用いて、Росиская（ロシアスカヤ）と記し、捕鯨船員たちに見せている。これは、彼が「初め夷人の実は魯西亜《ロシア》人ならんかと疑」（会沢『庚申諳《ママ》夷大津上陸記事』茨城大学附属図書館菅文庫蔵、後述）ったためであるが、このことは、彼の知識が「蘭字」（ローマ字）だけに留まるものではなかったことを示している。

会沢は、世界図を用いて捕鯨船がイギリスから出帆したことを知り、また航海に要した月数を、アラビア数字と三日月（図4参照）によって表現させるなど、みずからの西洋知識を最大限に利用して、彼らから情報を入手することを試みている。そしてこうした「且つ書き且つ詰《なじ》つた」（「会沢先生行実」）と言われる筆談や身体言語《ジエスチヤー》を用いて、彼は尋問の任務をなんとか成功裏に終らせている。こうした彼の努力に対して、同時代の人々のなかには、これを高く評価するものも少なくなかった。

会沢への評価

たとえば会沢の師であり、後期水戸学の原型を形作った藤田《ふじた》幽谷《ゆうこく》(一七七四〈安永三〉~一八二六〈文政九〉)は、藩主徳川斉脩《とくがわなりのぶ》に送った書簡において次のように記している。

是の度、会沢恒蔵《つねぞう》〔正志斎〕等出張。地球図を指点いたし、彼《か》の夷人と問答の次第、御目付共迄書き出し候。定《さだめ》て追々 高覧にも備わり候事と存じ奉り候。恒蔵筆談は、行き届き兼ね候へ共、異国人と問答し、其の情を推究し、分明に相ひ成り候事、新井筑後守が羅馬《ローマ》人を詰問いたし候已来《いらい》の手際に御座候

(藤田幽谷「甲申呈書」一八二四〈文政七〉年六月六日付)

「新井筑後守」とは、「正徳の治」で知られる新井《あらい》白石《はくせき》(一六五七〈明暦三〉~一七二五〈享保一〇〉)のことである。日本に密入国したイタリア人宣教師のシドッチ(Giovanni Battista Sidotti 一六六八~一七一

図4　32ヵ月を意味する絵文字(『庚申諳夷大津上陸記事』茨城大学図書館蔵)

四）の取り調べを通して海外知識を吸収した彼は、『西洋紀聞』（一七一五〈正徳五〉年ごろ）や『采覧異言《さいらんいげん》』（一七一三年成稿）などを著しており、近世日本においては、最高の知識人の一人としてしばしば挙げられた人物でもある。幽谷は、会沢による今回の尋問を、白石以来の手並みであると高く評価したのである。

こうした大津浜における「諳夷」との交渉は、会沢の学識と行動力をたたえる事績としてその後も語り継がれることとなった。大津浜事件の約三〇年後に、この地に至った東北遊歴中の松陰もまた、次のように会沢の行動をその旅行日記に書き残している。

二十三日　翳《くもり》。野口〔玄主《げんしゅ》、野口雨情の大叔父〕家を出で、台場に登る、架砲なし。大津を過ぐ、人家稠密《ちゅうみつ》〔密集〕なり。二十八年前暎夷《えいい》の船ここに来り、脚船二隻を卸《おろ》し夷人十数人陸に登りて数日去らざりき。初め何《いず》れの夷たるを知らず、会沢憩斎〔正志斎〕筆談役となり、地図を按《あん》じて之れを詰《なじ》り、其の暎夷たるを知る。

（『東北遊日記』一八五二〈嘉永五〉年正月二三日条）

「筆談役となり、地図を按じて之れを詰」ったという表現は、前出の幽谷書簡や寺門の「会沢先生行実」にも見られるものである。未知の存在であった「夷狄」の実態を明らかならしめた会沢の「手際」が、三〇年の時を経てもなお生き生きと想起されるものであったことが分かるであろう。

『諳夷問答』とその流布

「諳夷」と接触した会沢は、出張先である大津浜の宿において、みずからが得た情報や体験をまとめ報告書を草している。当初、この報告書には表題が与えられていなかったが、今日ではのちに付された『諳夷問答』という書名で呼ぶのが一般的である。

近世において著された外国人との接触記録や海外事情書の多くがそうであるように、この『諳夷問答』もまた公刊されることはなかった。またこの書が、大津浜に上陸したイギリス捕鯨船員の尋問報告書という鎖国体制下では機密性の高いものであったということも、その公開をはばかる理由の一つになったことであろう。

しかし、数は少ないながらも、『諳夷問答』にはいくつかの写本が確認されている（この諸本研究に関しては、栗原茂幸「『新論』以前の会沢正志斎—註解「諳夷問答」—」〈『東京都立大学法学会雑誌』三〇—一、一九八九年〉を参照されたい）。たとえば、彰考館や無窮会《むきゅうかい》（神習文庫《かんならいぶんこ》）をはじめ、茨城大学図書館の菅文庫《かんぶんこ》にも『庚申《ママ》諳夷大津上陸記事』と表題を異にする一本が収められている。この「庚申」は「甲申」（文政甲申＝一八二四年）の誤記であることは、本文の末尾に「文政甲申六月健斉《ママ》主人書於大津寓舎」（「健斎」は、この時期の会沢が用いた号）と記されていることからも分かる。

菅政友の本棚

数少ない『諳夷問答』の写本を収めるこの菅文庫は、近世日本における知の伝達を考えるうえで興味深い存在である。これは、水戸藩出身の歴史家である菅政友《かんまさとも》（一八二四〈文政七〉～九七〈明治三〇〉）が集めた、和漢書四〇〇〇部・一万冊を超えるという蔵書群によって構成されている。『庚申諳夷大津上陸記事』の末尾には、「天保十三年壬寅〔一八四二年〕三月廿一日《にじゆういち》写」と付記されているので、大津浜事件とちょうど同じ年に生まれた政友は、このとき数えで一八歳であり、あるいはみずからこれを筆写したとも考えられる。

政友は、彰考館員として『大日本史』編纂に携わり、維新後には石上神宮《いそのかみじんぐう》（現奈良県天理市）の宮司に転じた。ここで彼は、神宝であった七支刀《しちしとう》に施された金象嵌《きんぞうがん》銘文の解読に取り組んでいる。それは、近代日本の金石文研究における画期的な試みであり、今日でも四世紀の東アジア国際関係史を考えるうえで、重要な手がかりとなっている（宮崎市定『謎の七支刀』中公新書、一九八三年）。彼の前では神宝も研究対象であり、まさに彼は飽くなき探究心を有した学究の徒であった。

こうした篤実な歴史学者であった彼の蔵書には、したがって、日本に関する地歴書が多いが、一方で海外事情に関する書籍も見られる。そのなかには、一八五一（文化一二）年に成立した太平天国をめぐる動向について、いまだその混乱がうち続くなかで記録した『清国咸豊乱記《しんこくかんぽうらんき》』という著作を見つけることができる。

政友と松陰

この『清国咸豊乱記』（以下、『咸豊乱記』）こそ、水戸から遠く離れた萩の片隅で幽囚の身であった松陰が、一八五五（安政二）年ごろに著したものにほかならない。この当時の彼は、ペリー艦隊への密航事件の結果、獄に投じられ、読書と著述の日々を送っていたのであり、『咸豊乱記』はそうした著述の一つでもある。

とは言うものの、実はこの書は、彼の完全なオリジナル作品というわけでもない。正確に言えば、ペリー艦隊の中国語通訳であった清国人の羅森《らしん》（一八二一～九九）が、いままさに展開している太平天国の乱について、漢文で書き記した無題稿がもとになっている。松陰は、この羅森の漢文稿を和文で書き直しつつ、割註などの形で彼自身の意見と考察を織り交ぜ『咸豊乱記』を著したのであった。

菅文庫に収められている『咸豊乱記』は、政友自身が筆写した写本である。彼がどのような経緯でこの書を手に入れることができたのかについては、必ずしも明らかではない。ただ、松陰に漢文写本を贈った赤川淡水《あかがわあわみ》（一八三三〈天保四〉～六四〈元治元〉）は、のちに水戸へ留学しているので、赤川を仲立ちとして水戸に送られたと考えられる。

『咸豊乱記』を著した松陰は、これが広く読まれることを期待していたようである。そのことは、『咸豊乱記』脱稿の翌年に、野山獄《のやまごく》から放囚された松陰自身の行動からもうかがうことができる。すなわち、この時期に、『咸豊乱記』は写本に付され、また「校合《きようごう》」（『野山獄読書記』一八五六〈安政三〉年七月二八日条）が行われている。実際、萩の松陰神社に現存する『咸豊乱記』は、序文などは松陰の自筆だが、本文は、父や兄の手になる写本なのである。しかし、写本は手間もかかり、誤脱も少なくない。それゆえ松陰は、さらに進んでこれを刊行することを、周防の一向勤王僧である月性《げつしよう》（一八一七〈文化一四〉～五八〈安政五〉）に対して相談している。

咸豊乱記、謄写《とうしや》にては誤脱に困り候間、一俠豪《いちきようごう》の書肆《しよし》、活版にするものはあるまいか。果して然らば、赤川淡水の姓名悉《ことごと》く黒くすべし。

（「月性宛」一八五六年八月上旬以後）

『咸豊乱記』が今日の海外情勢を記した書であり、さらに著者が罪人であるという事情を知ったうえで、これを出版してくれるような義俠心のある書店を、松陰は求めた。そして、もし出版がかなったときには、この書を著すきっかけとなった赤川の名前は、その政治的危険性ゆえに抹消すべきであると付言することを、彼は忘れてはいなかった（ここで彼がなぜ「活版」すなわち活字印刷を求めたのかについては、当時の出版統制と深く結びついているのだが、この点については後述する）。こうした願いを抱いていた松陰であったが、彼の前に「一俠豪の書肆」が現れることはなく、『咸豊乱記』は伝写されるのみに留まったのである。

実を言うと、羅森の無題稿は、ほどなく『満清紀事《まんしんきじ》』の名で、伝写さらには木活字本で版行されていくこととなる。このため松陰の著作は、彼が願ったほど流布することはなかった。しかし、菅文庫に収められた『咸豊乱記』の存在は、「彼の国〔清国〕事変の大概を知り易からしめんと欲す」という松陰の希望が、いささかなりとも成就したことを示していよう。またこのことは、諸書を書写し、収集した政友のような蔵書家が、近世日本における文化的ネットワークにおける一つの結節点であったことを教えてくれるのである。

開かれた秘密の書

「問答」から「新論」へ

会沢正志斎《あいざわせいしさい》が著した『諳夷問答《あんいもんどう》』は、たんに外国人との接触を記したものではなかった。彼は、捕鯨船員への質疑応答の後に、「弁妄附《べんもうふ》」と題する総括を付している。「弁妄」とは「妄言を弁駁《べんばく》する」という意味である。

ここで彼が批判した「妄言」とは、今回の捕鯨船は「交易」や「漁猟」のために来港したに過ぎないといった「巷説《こうせつ》」（世間のうわさ）であった。彼は、西洋諸国における植民地獲得競争の実態を列挙し、また来航した捕鯨船が武装していた事実などを挙げて、「禍心を包蔵する事、情実既に明白なり」と彼らの侵略性を断じたのである。

しかしながら、こうした会沢の危機感は、必ずしも広くは共有されなかったようである。

会沢の「手際」をたたえる藤田幽谷《ふじたゆうこく》の書簡を受け取った藩主徳川斉脩《とくがわなりのぶ》は、その返信において、「右〔上陸捕鯨船員〕は、全く水薪等乞ひ候事に之れ有り候。さし当り何等之儀も之れ無き事と存じ候」（一八二四〈文政七〉年六月六日付）と書き送っている。この文面を見る限り、斉脩がこの師弟の危機感を共有していないことは明らかであろう。むしろ彼は、同じ書簡において、「から学者《唐》は畏《おそ》れすぎ、武人はあなどりすぎ候様に之れ有り候」と、過剰な反応を戒めることばすら記している。

「から学者」（漢学者）とは、幽谷や会沢のような水戸学者であり、藩主はこうした家臣たちが危機感を煽《あお》っていると感じていたのであろう。当然のことながら「から学者」たちにとって、こうした藩主の態度は承服しがたいものであったにちがいない。かくして会沢は、たんなる報告書やこれに基づく状況把握に留まらない抜本的な対策を藩主に対して説く必要を痛感したのであり、その結果生まれたのが、翌一八二五（文政八）年の『新論』であった。

言論にともなう危険性

会沢が「臣」として藩主に献呈したものである『新論』という書は、したがって本来、公刊を意図したものではなかった。そもそも政治的な発言が強く規制されていた近世日本において、「国家の大事」（「長計」）を説いた

『新論』は、明らかに政治的危険をともなうものであり、これを読んだ藩主が公刊を許さなかったのは当然であったと言えよう。

近世日本における政治的発言への規制についての一例を、安政の大獄において松陰に与えられた死罪の判決理由書にみることができる。

> ……御政事向に拘《かかわ》る国家の重事を著述いたし、「大作《ママ》」（「対策一道」）其の外、「狂夫の言」、或は「時勢論」と題号いたし、主家〔毛利家〕又は右京家等へ差出し……国家の御為めを存じ仕り成す旨は申立つるなれども、公儀を憚《はばか》らざる不敬の至り、殊に右体蟄居《みぎていちっきょ》中の身分梅田源次郎〔雲浜《うんぴん》〕へ面会いたす段、旁々《かたがた》不届《ふとどき》に付き死罪申し付くる。
> （「幕府断罪書」一八五九〈安政六〉年一〇月二七日付）

日米修好通商条約の違勅調印を強く批判していた松陰は、この断罪書に見える多くの建言書を著し、そのいくつかは、京都の梁川星巌《やながわせいがん》（一七八九〈寛政元〉～一八五八〈安政五〉）を通じて朝廷内に送られた（「梁川星巌宛」一八五八年五月一五日付）。しかし、「国家の重事」を「著述」し、さらに流布させるような行為は、幕府にとって、たとえそれが「国家の御為め」であっても、政治を担当する「公儀」を蔑《ないがし》ろにするものであり、この上ない「不敬」にほかならなかった。それゆえ松陰は、「死罪申し付」けられることとなったのである。

なお、松陰の建言書のなかには、「乙夜《いつや》の覧」いわゆる天覧に浴する「栄《えい》」を得たものもあったという（「家大人・玉叔父・家大兄に上る書」同年一一月六日）。幽囚のうちにあった松陰の建言書が、星巌を媒介とするコネクションを通じて、公家衆、さらには天皇のもとにまで達したという事実は、幕末志士の「横議・横行」的な言路ネットワークの一端を示すものでもあろう。

もちろん松陰の事例は、安政の大獄という政治的な異常状態のただなかでのものであり、会沢が『新論』を執筆した一八二五（文政八）年という段階では、そうした状況はいまだ

図5　梁川星巌

現れていなかった。しかし、あの『柳子新論』を著した山県《やまがた》大弐《だいに》が死罪となったことからも分かるように、近世日本において、政治的意見を含む著述には常に危険がともなわれていた。この大弐の明和事件ののちにも、日本を取り巻く国際環境と全国的な海防体制の確立を説いた著書が幕府の忌諱に触れた林《はやし》子《し》平《へい》（一七三八〈元文三〉～九三

〈寛政五〉）が、在所蟄居の命を受け、不遇のうちにその生涯を閉じている。彼の著書である『三国通覧《さんごくつうらん》図説《ずせつ》』（一七八六〈天明六〉年刊）や『海国兵談《かいこくへいだん》』（一七九一〈寛政三〉年完結）を参考にして『諳夷問答』や『新論』を執筆し、「国家の大事」を説いた会沢にとって、子平の不遇な最期は、決して他人事《ひとごと》ではなかったのである。

『新論』公刊までのハードル

こうした政治的危険性のゆえに、『新論』が公刊されることは久しくなかったのであり、これが会沢の名前で正式に出版されたのも、その執筆から三〇年以上を経た一八五七（安政四）年のことであった。しかしこの間、『新論』は写本や無許可出版の形態で流通し、「志士たちのバイブル」となっていく。こうした事情について、会沢は公刊本『新論』の跋《ばつ》（あとがき）において次のように記している。

雅《つね》に出入風議の意に倣《なら》はんと欲して、世人のために言ふにあらず。故にこれを筐中《きょうちゅう》に蔵し、敢《あ》へて以て人に示さず。時に或は一二の同志と談話するに、またこの書を取りて以て相評論す。その久しきに及んで、稿本〔草稿〕漏出《ろうしゅつ》し、人間《じんかん》に伝播して、活字印刷して以て世に行ふ者あるに至る。

「出入風議」とは、会沢が出仕していた彰考館《しょうこうかん》における自由な議論のことを意味している。彼にとって『新論』で展開したみずからの主張は、あくまで彰考館のような限定的《クローズド》な場においてはじめて許容されるものであって、「世人」に公開すべきものではなかった。しかし、こうした限定的だが自由な言論は、やがてその限定性から開放され「処士横議」――志士たちによる活発な政治的議論――へと転化していくのである。この言論空間の変容という問題は大変興味深いものではあるが、ここでは、会沢の『新論』稿本が伝播し、ついには「活字印刷」されるにまで至ったということについて考えてみたい。

秘密の書

「活字印刷」というと、近代的な出版技術のように感じる読者もいるかもしれない。たしかに活字印刷（活版印刷）は、火薬や羅針盤とともにルネサンスにおける三大発明の一つとも言われる。だが、中国や朝鮮などの東アジア漢字文化圏においては、西洋に先んじて一四世紀には活版印刷が広く行われていた。ただし日本での活版印刷による出版事業が活発になるのは、これらからかなり遅れて、一六世紀末ごろのことである。しかも一七世紀以降になると、続け字やルビ・挿絵といった多様な印刷表現が可能な木版印刷（木刻整版本、いわゆる版本）に取って代わられてしまう。

かくて近世日本の活版印刷は、その多くが耐久性の低い木製活字を使用しており（これを近世木活字本という）、それゆえ大量生産に不向きであったこともあって、もっぱら少数

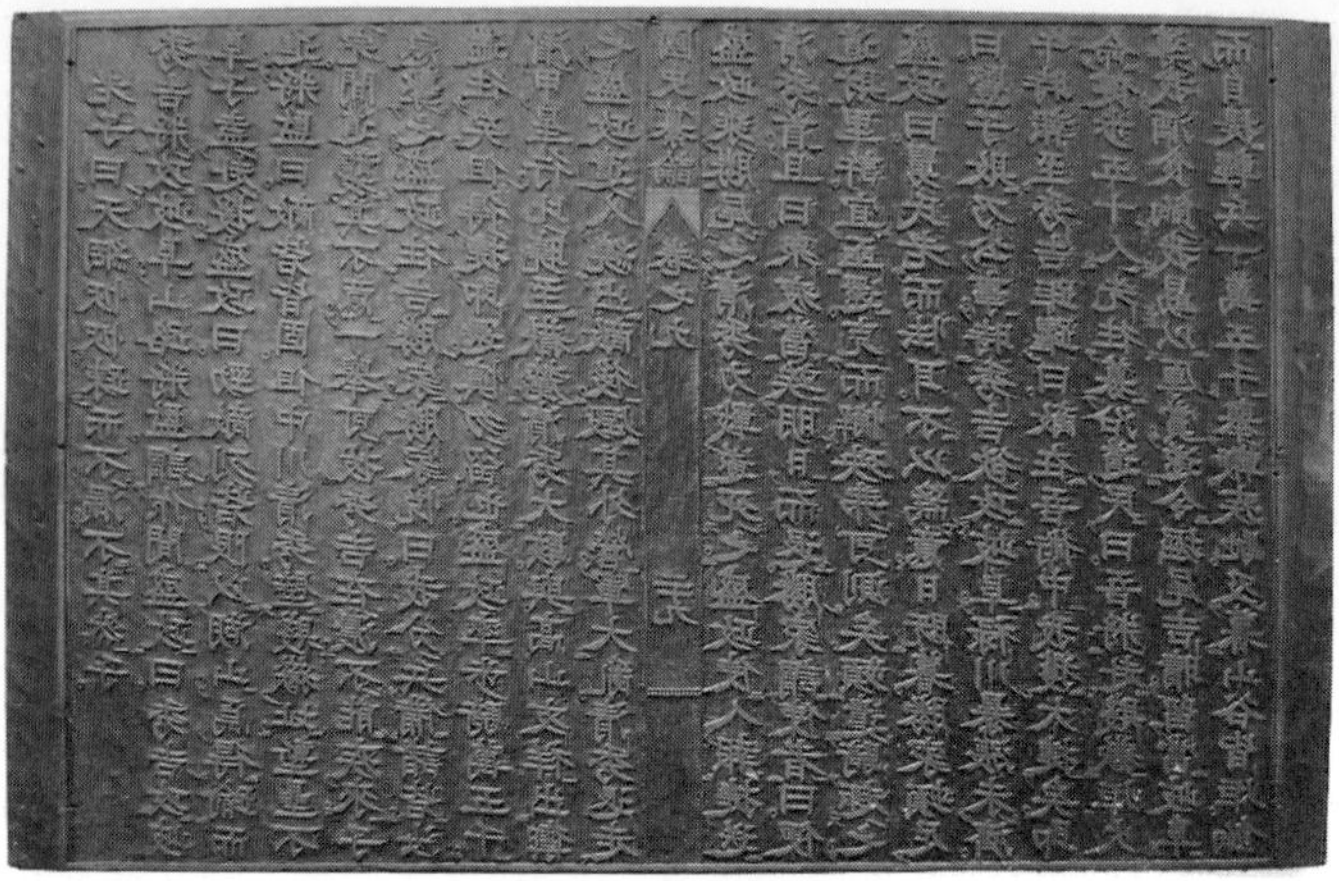

図6　山県太華『国史纂論』（1846〈弘化3〉年刊）の版木（増上寺蔵）

部印刷を中心とするマイナーな出版形態となる。しかしマイナーであることが、逆に強みになった面もあった。すなわち幕府による出版統制は基本的に版本を対象としたものであったので、その規制をかいくぐって印刷するのに、活版印刷は適していたのである。松陰が『咸豊乱記』を「活版」に付したいと願ったのは、まさにこうした理由からであった。

『新論』が「活字印刷」で流布したという会沢の発言は、『新論』が官許を得ることのできない危険な著作であると、同時代の人々に認識されていたことを意味している。瀬谷義彦氏が『新論』について、「公然たる出版が行なわれず、かえってそこに魅力があった」（瀬谷義彦「解題（新論）」一九七三年）と指摘したように、『新論』はその政治的発言による危険性《リスク》と同時に、入手が困難な稀覯本《レア》であるという点において幕末の志士たちを引きつけた秘密の書だったのである。

木活字による流布

瀬谷氏によれば、公刊以前に刊行された『新論』はすべて木活字本であり、その種類は五つにわたる。木活字本は少数部しか印刷できないため、組版を改めて繰り返し出版されたのであろう。これら諸本における書誌の概要について、瀬谷氏は次のようにまとめている。

甲　木活字本　一冊　七十丁
（末尾）文化乙酉春日題　無名氏　〔高橋愛諸《ちかわき》自筆の奥書〔一八四八〈嘉永元〉年〕ある一本あり〕

乙　木活字本　一冊　七十一丁
（末尾）文化乙酉季春〔晩春〕　無名居士題

丙　木活字本　二冊　上巻　四十六丁、下巻　四十一丁
（末尾）文政乙酉季春　無名居士題

丁　木活字本　仮名書　四冊　巻之一　四十二丁、巻之二　三十四丁、巻之三　三十七丁、巻之四　二十五丁

（巻之四末尾）文政乙酉季春　　無名氏題

戊　木活字本　仮名書　　三冊　巻之上　四十二丁、巻之中　四十九丁、巻之下　十七丁

（表題）雄飛論《ゆうひろん》

（巻之下末尾）文政乙酉季春　　無名居士題（「雄飛論付尾蛇足論大江三万騎講述」として七丁が巻之下に付してある）

（前掲瀬谷「解題（新論）」）

甲本に奥書を記した「高橋愛諸」とは、桜田門外の変における首謀者の一人である高橋《たかはし》多一郎《たいちろう》（一八一四〈文化一一〉～六〇〈万延元〉）のことである。瀬谷氏所蔵のこの一本には、「今茲《ことし》武城有志の士、活版し以て世に公にす」（今茲武城有志之士、活版以公於世）と記されているという。「武城」は江戸城（武蔵国の城）のことであるから、高橋の言を信じれば、幕府の内部にも『新論』の主張に賛同し、これを刊行した人物がいたことを示しており、その受容層の広さをうかがわせるものである。

しかし「世に公にす」とは言いながらも、結局は木活字本による少数部の刊行に留まっており、また多くの木活字本がそうであるようにこの版にも多くの誤字があった。高橋も「間《ま》ま魚魯訛舛《ぎょろかせん》、朱墨淆乱《しゅぼくこうらん》する者有り」（間有魚魯訛舛朱墨淆乱者）と評したように、誤り

の多さのために、訂正の朱筆が本文と入り交じるほどであったらしい。とは言え、もはや印刷が終ってしまった以上、何如ともしがたいので、全体の文意が通ればよいであろうと、高橋は半ばあきらめつつ、まずは会沢の主張が世に現れたことを言祝《ことほ》いだのである。とりわけこの時期の会沢は、幕府から致仕謹慎を命ぜられた藩主徳川斉昭《とくがわなりあき》の雪冤《せつえん》運動に参加した罪で蟄居中であったため、こうした「武城有志の士」の存在は、同志たちの意を強くさせるものでもあっただろう。

無名居士・会沢

高橋のもとには、「武城友人　某《なにがし》」を通して「若干部」の木活字本『新論』が届けられたらしい。これは出版者やその周囲の人々が、『新論』の著者は会沢であると知っていたからこそ、同じ水戸藩士である高橋に送ることができたのだが、木活字本『新論』の読者の多くは、その著者を明確に知ることはできなかった。幕府による出版統制をくぐり抜けて地下出版として刊行されたこれらの『新論』には、「無名氏」や「無名居士」と記されているだけで、会沢の名が現れることはなかったからである。

前掲の戊本『雄飛論』の「序」（一八五〇〈嘉永三〉年）にも、「新ばり筑波の山の近きわたりを知らせ給へる公《きみ》に仕へまつれる何がしの先生のあらはし給へりし新論」と記されているように、水戸藩主に近侍する人物の書らしいということが、ぼんやりと表現されるにとどまっている。また、丙本系の『新論』である東北大学附属図書館蔵本には、上巻の表見返しに、

新論一部

水藩　会沢恒蔵所著云

と書き込みされており、その著者を正しく伝えている（恒蔵は会沢の通称）。しかし実はこの「会沢恒蔵」の最初の三文字は、もともと「鮎川常蔵」と記されていたものを、のちに貼紙で訂正したものであった。このことは、『新論』の著者が、水戸藩士であることは知られていたものの、会沢であることが正確には伝わっていなかったことを示すものでもある。「無名居士」で流布した『新論』は、その著者を明示しないことで、会沢への筆禍を防いだのだとも言えよう。

このように『新論』は、少なくともその公刊までは、その著者を明らかにしない形で流布していった。そしてその匿名性ゆえに、『新論』を受容した同時代の人々は、必ずしもそれを水戸学の理論的著作としてではなく、みずからの問題関心に基づいてこれを受容し、また読み替えていくこととともなった。

京都大学文学部の裏手にいくと、ひっそりとたたずんでいるレトロな建屋を見ることができる。これは、内務大臣として選挙大干渉を行った人物として知られる品川弥二郎《しながわやじろう》（一八四三〈天保一四〉～一九〇〇〈明治三三〉）が、みずから集めた幕末志士の遺品・遺墨を収めるものとして建設したものであり、「尊攘堂」と呼ばれている。ただし今日見られるのは、品川が死去したのち、当時の京都帝国大学内に新たに設けられた二代目の建屋である。

そもそも尊攘堂の由来は、品川の師の松陰にある。松陰は、京都に尊攘志士たちの位牌を祀り、これを通して人々が奮起するための場を設けることを主張していた（『留魂録《りゅうこんろく》』一八五九〈安政六〉年）。しかし安政の大獄で刑死した彼は、これを果たすことができなかった。この意志を継いで、尊攘堂の建設を成し遂げたのが品川であった。こうした由来をもつ尊攘堂には、やはりそれゆえに、松陰の遺墨はもとより長州藩関係者の遺物が少なくない。そのなかには、同藩の天保改革を主導した村田清風《むらたせいふう》（きよかぜ、一七八三〈天明三〉～一八五五〈安政二〉）の筆写にかかる『新論』も含まれている。この写本は、公刊前の『新論』の受容を考えるうえでも、たいへん興味深いものである。

兵学・海防論書として

これは、『新論』の写本ではあるが、なぜかその題簽に記されたタイトルは『防寇秘

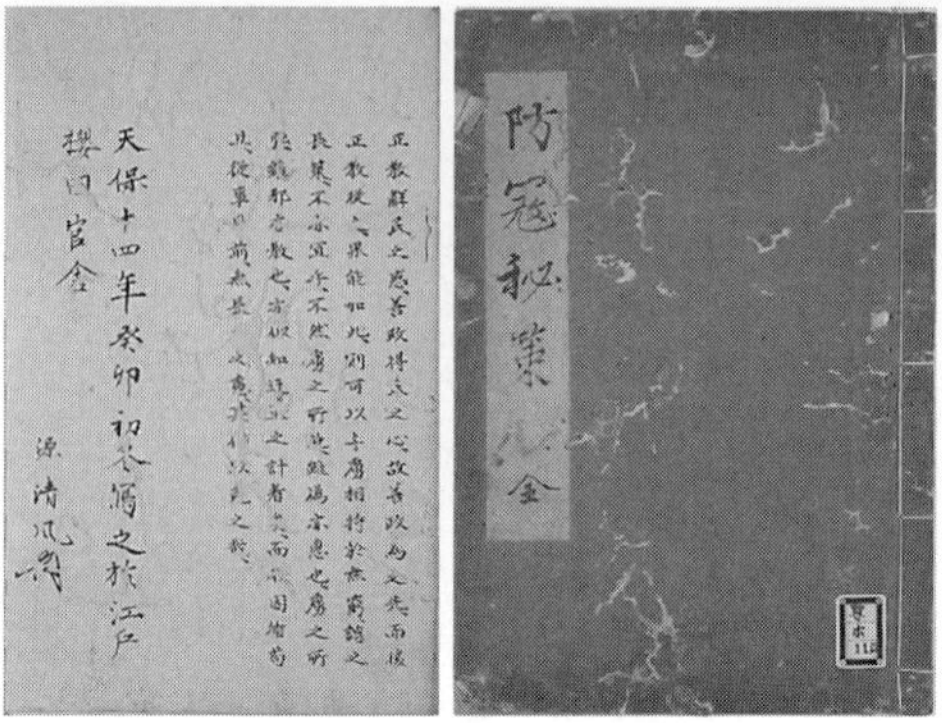

図７　村田清風写『防冦秘策』尊攘堂蔵本
（右：表紙，左：末尾，京都大学附属図書館蔵）

策』となっている。しかも『新論』は、全編を写しているのではなく、一部分のみを抄録したものであって、さらに、津藩校有造館《ゆうぞうかん》の督学をも務めた儒学者の斎藤拙堂《さいとうせつどう》（一七九七〈寛政九〉〜一八六五〈慶応元〉）が著した『海防策』（一八四三〈天保一四〉年成稿）と合冊されている。こうした事実は、書写者である清風にとって、『新論』は尊王攘夷の書としてではなく、海防論の書として理解されていたことを意味していると言えよう。こうしたことは、中表紙に記されたタイトルが、『海冦秘策』となっていることからもうかがうことができる。

この『防冦秘策』の奥書には、「天保十四年癸卯（一八四三年）初冬、之れを江戸桜田官舎（長州藩上屋敷）に写す」（原漢文）と記されている。拙堂の『海防策』は、まさに同じ年に成立したものであり、清風は最新の海防論書を手に入れていたことになる。長州藩の財政再建のみならず軍制改革にも努めた彼は、この年の四月に、長州藩の羽賀台（現山口県萩市）において大演習を行っていた。この時期の彼の問題関心は、海防論にこそあったのである。

読み替えられるテキスト

この『防冦秘策』に収められている『新論』は、その一部分を写した抄録であった。このときすでに『新論』は執筆から二〇年近くの時を経ていたので、清風がこれを部分的にしか書写しなかったのは、その情報の「古さ」ゆえであったとも考えられるであろう。しかし、彼が実際に筆写した内容を確認すると、決してそうではないことが分かってくる。

そもそも『新論』は、国体（上中下）・形勢・虜情・守禦・長計という五論七篇から成る。そして会沢によれば、これらは次のような連関をもって構成されるものであった。

夫れ国体を明らかにし、形勢を審《つまび》らかにし、虜情を察し、守禦を修めて、長計を立つるは、実に聖子・神孫の皇祖・天神に報ずる所以の大孝にして、幕府・邦君の万姓〔人民〕を済《すく》ひ、無窮に施す所以の大忠なり。臣謹んで五論を著すは、臣の私言にあらざるなり。天地鬼神、まさにこれを与《あずか》り聴かんとす。（「国体篇」上）

すなわち、まず日本の尊厳性を明らかにする国体篇において理論的基礎が定められ、そのうえで、同時代の世界情勢を叙述する形勢篇やキリスト教を国民統合や侵略に用いる西洋諸国のイデオロギー的構造を明らかにする虜情篇において、現状分析が展開される。そして、こうした理論と分析に基づいて、守禦篇で具体的な防衛論を、さらに長計篇では新たな国防体制を確立した日本の将来像について述べていく――というのが、会沢の『新論』執筆にあたっての構想であった。

しかし『防冦秘策』に収められているのは、『新論』における五論七篇のうちの形勢・虜情・守禦の三篇のみであった。ここで排除された国体・長計の二論四篇は、「大地の元首」たる日本の「建国の大体」を高らかに謳《うた》い上げ、また「東照宮」（徳川家康）以来続く現体制の抜本的な改革を訴えるものであり、『新論』の核心的な主張が展開された部分であったはずである。清風は、そうした会沢の構想をまったく無視するかのように、日本を取り巻く国際環境についての現状分析とこれへの対応について叙述した箇所のみを、『新論』から継受したのであった。こうした事実は、『新論』という著作に対し、ほとんど無条件で「国体」という語を想起する今日のわれわれにとって、一つの驚きを与えるものでもあろう。

清風は、『新論』を著した会沢の意図をほとんど考慮せずに、形勢・虜情・守禦の三篇のみを抄写した。彼にとって『新論』は、あくまで「防冦」のための「秘策」の一環をなすもの――すなわち海防論書として読み替えられていったのである。

『雄飛論』

先に挙げた木活字本の『新論』には、『防冦秘策』のようにそのタイトルそのものを改変されてしまっているものがある。それが、独自の序文を有し、和文で著された戊本『雄飛論』（一八五〇〈嘉永三〉年序）である。その序文には、「からぶみのさま〈漢文体〉にかきなし給へりし故に巳〈已〉れら如きの文の才なき者のたやすく読《よみ》うべきにあらず」と、漢文の読めないものでも読めるように和文にしたと記されているが、実際には、この『雄飛論』という書は、たんなる『新論』の書き下しではない。と言うのも、『雄飛論』は、『新論』以後の世界情勢の変化――たとえば一八四〇年にはアヘン戦争が勃発している――を受けて、その内容を検証したものであったからである。このことは、土浦藩士で蘭学者の山村才助《やまむらさいすけ》（一七七〇〈明和七〉～一八〇七〈文化四〉）が、新井白石《あらいはくせき》の『采覧異言《さいらんいげん》』の内容を、その豊かな世界地理知識で修正し、『訂正増訳采覧異言』（一八〇二〈享和二〉年）を著したことを彷彿とさせる。

『雄飛論』の執筆者は、才助のような蘭学者ではなかった（次項参照）。しかしそれでも彼は、箕作省吾《みつくりしょうご》『坤輿図識《こんよずしき》』（一八四五〈弘化二〉年刊）や塩田順庵編『海防彙議《かいぼういぎ》』（一八四九〈嘉永二〉年序）など、彼が手に入れることのできる当時最新の世界地理書や海防論書によって『新論』の記述を検証し、さらに「蛇足論」という独自の論説も付したのである。その意味で、『雄飛論』は、『新論』を土台とした新たな著作であるとも言えよう。

書き換えられるテキスト

この『雄飛論』の凡例には、「本編に神州と有るを、今改めて皇国《みくに》と為す」という、気になる一文がある。すなわち『雄飛論』では、会沢が『新論』において日本の呼称として用いた「神州」という儒学的な表現を改めて、これを国学的な呼称としての「皇国」へと変更させているのである。こうしたテキストの書き換えは、この『雄飛論』の執筆者が国学者であった可能性を容易に推測させるものであり、瀬谷義彦氏は、国学者の鶴峯戊申《つるみねしげのぶ》（一七八八〈天明八〉〜一八五九〈安政六〉）が『雄飛論』の執筆者であろうと指摘しており、首肯できる（前掲瀬谷「解題（新論）」）。

戊申は、『新論』を和文に改めた際、「新論新評」（一八五〇〈嘉永三〉年季春）という批評文を草しており、そこで彼は、『新論』を次のように高く評価している。

新論を読まずんば、倭習にて漢を慕ふの人々、何を以てか　国家の大意の旨《むね》を知らん。国家の大意の旨を知らずば、奚《な》んぞ能《よ》く守禦の精《くわ》しきに至る事を得んや。

『新論』を読まなければ、「国家の大意」すなわち国家としての日本とはいかなる存在であるのか何であるのかは分からない。日本というものを理解することができなければ、これを守り抜くことは不可能である――と戊申は言う。彼にとって『新論』は、たんに水戸学の書というよりは、むしろ「国家の大意」を知る経世論あるいは政策論であった。そして、「神州」を「皇国」と書き換えたように、彼は、そこに新たな自己像をも読み込んでいったのである。

すでに触れたように、そもそも会沢は、藩主自身が行う治世論として『新論』を著した。非公開文書であったがゆえに、彼はそこに「東照宮」以来の現体制への批判をも含むことができたのであった。こうした政治的な危険性があったからこそ、多くの志士たちは惹かれていったのであり、『新論』に接した彼らの興奮は容易に想像できる。『新論』の伝播という現象は、会沢にとって予想外の事態であったことは疑いないが、彼の著作は、その本来の意図を越えて、幕末における志士や知識人が、一九世紀中葉における世界史的状況を把握し、日本という自己像を確立する言説を用意したのである。

今日のわれわれは、『新論』を尊王攘夷運動に大きな影響を与えた水戸学の理論的書籍として理解している。しかし『新論』を同時代的に受容した人々は、必ずしもそれを水戸学の書としてではなく、みずからの思想的立場からこれを受容し、また読み替えていったのであり、松陰もまたそうした人間のひとりであった。

松陰の本棚に入るまで

その出会い

松陰が、『新論』に代表される水戸学との出会いによって、みずからの思想形成――とくに「日本」という自己像の獲得――を果たしたことは、しばしば指摘されており、本書もまたこうした認識に立つものである。しかし、彼が水戸学から影響を受けた時期を、一八五〇（嘉永三）年の平戸遊学時に求める通説的な理解には、疑問を抱かざるを得ない。

たしかに松陰は、平戸において『新論』と出会っている。しかし、拙速を恐れずに結論だけを先に言えば、この接触は、西洋列強の軍事的実態を知ることに懸命であった彼に大きな影響を与えなかったし、さらに言えば、「日本」という自己像の形成をもたらさなかった。

とは言え、松陰の著作中に、『新論』の書名がはじめて現れるのは、まさにこの時期であり、それは次のような記述となっている。

新論　二冊

右会沢氏著はす所、形勢・虜情・守禦三篇は特だ《た》其の初篇のみと云ふ。亦《また》未だ観るを得ず。……自余数十部共に老公〈前平戸藩主松浦熈《まつらひろむ》〉が武〈武蔵国＝江戸〉より致す所に係る。其の官書なるを以て未だ縦《ほしいまま》に借観するを得ず。故に復た悉《ことごと》くは書名を録せず。本藩〈長州藩〉既にこれを致せりや否や。

〈「郷人に与ふる書」一八五〇〈嘉永三〉年九月二五日付〉

これは、松陰が郷里である萩の人々に書き送った書簡の部分である。これをしたためたとき、松陰はまだ『新論』を読むことができなかった。平戸藩が公的に所蔵しているものなので、簡単には手にできなかったのである。

この書簡のなかで、『新論』の真髄というべき国体三篇および長計篇の名が見られないことには注意を払いたい。ここに挙げられている篇名は、奇《く》しくも村田清風《むらたせいふう》が『新論』を海防論書として抄写した『防寇秘策』と一致している。また松陰は、『阿芙蓉彙聞《あふよういぶん》』（塩《しお》谷宕陰《やとういん》著、阿芙蓉はアヘンのこと）・『海備芻言《すうげん》』（山鹿素水《やまがそすい》著）・『海防彙議』さらには『百幾撒私《ペキサンス》』（ペクサン砲術書）といった海防論書・兵学書とともに『新論』を挙げている。これらの諸書は、「老侯」が「意を辺備〔辺境警備〕に留むるを以て」江戸よりもたらした「新著数十部」のうちの一部であると、松陰が記していることから分かるように、彼もまた『新論』を海防論書として認識していたのである。

通過《スルー》される「バイブル」

この書簡を書き送った半月後に、松陰はようやく『新論』を実際に手にしている。しかしこれをもって、彼が水戸学の影響下に入ったと言うのには、なお検討の余地がある。彼が平戸に遊学していた際の記録である『西遊日記』の一八五〇年一〇月一〇日条には、次のように記されている。

十日　翳《くもり》。豊島《とよしま》〔権平、平戸藩砲術指南〕に至り『〔近時海国〕必読書』を返す。初め謂《おも》へらく、『必読書』十冊に止《とど》まると。而して又七冊あり、権平出して之れを貸す。……葉山〔鎧軒《がいけん》〕に至り『新論』を見る。篇名、国体上中下、形勢、虜情、守禦、長計、五論七篇なり。終りに文政乙酉とあり。」夜、『海防私策』を読む。

ここで松陰は、『新論』の五論七篇の次第をすべて書き写しているが、あくまで「見る」とあるだけで、「読む」とは記していない。もちろん、「平戸書目ノ内」という彼の手控えには、「新論　二」とあるので、読了した可能性も否定できない。しかし、仮に読み終えたのであれば、『西遊日記』中に読了書籍の抄録をあれだけ残した松陰が、篇名だけで満足したとは考えがたい。

松陰が、この日の夜に読んだと記している『海防私策』とは、先に豊島権平に借りた『近時海国必読書』という海外事情や海防論の著作を集めた叢書のなかの一冊であった。以後、数日にわたって、松陰は、この『必読書』の読破にかかりきりになっている。一方、彼が当時師事していた葉山鎧軒から『新論』を借りて熟読した形跡は見られない。おそらくは、「国体」の尊厳を謳《うた》い上げることからはじまる『新論』は、「文政乙酉」という古さ（ちょうど四半世紀前にあたる）も手伝って、必ずしも当時の松陰が切実に求めていた最新の海防論書や海外事情書とはみなされなかったのであろう。

このように考えると、松陰が、少なくともここで水戸学と邂逅《かいこう》し、「日本」という自己像を手にしたと断ずることは難しい。おそらく、「篇名」のみを書きとめ、結局は読むことがなかったのであろう。事実この記載以降、『西遊日記』に『新論』が現れることはないのである。

通説では、松陰が平戸において『新論』に接したという事実を重視し、この時点における水戸学の感化が指摘されてきた。しかしそれは、松陰における影響の具体的内容をみることなく、たんにその記述だけに依拠した解釈であったと言えよう。『新論』が水戸学の代表的著作であることは誰しも認めるところであるが、だからと言って『新論』を「見た」という記述から、その影響下に入ったと考えるのは、少しく乱暴な議論でもある。それは、後世の研究者が抱く「志士たちのバイブル」や「明治維新の経典」といった『新論』のイメージが、解釈を誤らせていたのだと言わざるを得ない。『新論』は、今日に生きるものたちにもなお、その強い魅力を放っているのである。

この平戸遊学において、アヘン戦争におけるイギリス軍の圧倒的な軍事力の実態を伝える海外事情書に接した松陰は、みずからが戦うべき西洋という新たな他者を認識するようになる。それは、みずからが学んできた伝統兵学の有効性に強い疑問を投げかけ、彼をさらなる海外知識や海防論の摂取に駆り立てていくものであった。しかしそれでも彼は、守るべき自己がいかなる存在なのか——長州藩なのか日本一国なのか——ということには、いまだ明確な答えを見出せずにいた。それは、幼き日より長州藩山鹿流兵学師範としてみずからを規定し続けてきた自分自身の存在意義そのものに関わる、本質的な疑念をもたらすものでもあったからである。

東武の都たるを知りぬ

ひとたび芽生えた伝統兵学への疑念は、松陰を海外知識の収集と兵学修行のための江戸遊学を決意させるに至った。彼をこの行旅に駆り立てた理由は、先に挙げた松陰の書簡に見出すことができる。彼が、平戸から郷里に宛てて、『新論』の有無を問うたあの書簡は、次のような一文からはじまっていた。

> 矩方《のりかた》〔松陰の諱《いみな》〕頃《このご》ろ長崎に遊び転じて平戸に抵《いた》り、乃ち東武〔江戸〕の都たるを知りぬ。初め謂《おも》へらく、長崎は清・蘭商夷の輻輳《ふくそう》する所なり、其の夷虜《いりょ》の情〔情勢〕に於けるや、必ず洞して之れを察《あきら》かにしたらん。平戸は賊衝に当《あた》りて長崎に隣《りん》す、其の戦守の策に於けるや、必ず講じて之れを究めたらんと。……平戸に抵りて新著数部を観るを得たり。而も崎〔長崎〕より致せりと云ふものは十にして一、武より致せりと云ふものは十にして九、其の虜情・戦策、固《もと》より書に依りて察かにし究むるのみ。然らば則ち武豈《あ》に都ならずや。
> （前掲「郷人に与ふる書」）

長崎・平戸は海外に開かれた地であり、そこには多くの海外情報や海防論が待っているに違いないと、遊学前の松陰は考えていた。しかし実際には、そこは情報発信地ではなかった。あの『新論』をはじめとした「数十部」の海外事情書や海防論書が、すべて「老公が武より致す所」であったように、そこで得られる情報の多くは、「東武」すなわち江戸からもたらされたものだったのである。かくて松陰は、みずからの道を照らしてくれるものを求めて、江戸へと向かうこととなる。

失望の都

一八五一（嘉永四）年四月、参勤する藩主毛利《もうり》敬親《たかちか》（当時は慶親《よしちか》）に従って、松陰は江戸に入った。この地で彼は、新たな海外事情書・兵学書に接し、兵学や儒学の名家の門をいくつも叩く。江戸には、彼が予想していた通り、最新の海外知識があり、著名な学者が構える塾が数多く存在していた。しかし彼はわずか一ヵ月余りで、失望の声を漏らしはじめる。すなわちこれら学者の多くは、圧倒的な軍事力をもった「外夷」の存在を知っているにもかかわらず、その「外夷」に対抗し得ないみずからの学問に対して、何ら反省していなかったからであった。それゆえ、彼は郷里の兄である杉梅太郎に宛てて、「江戸にて兵学者と申すものは噂程に之れなき様相聞き候事」と書き送ったのである。

この書簡には、「付り《つけたり》」すなわち追伸があり、そこには次のように記されていた。

付り、『新論』は之れあり候へども、未だ手に入り申さず候。官許之れなき書故、書肆《しょし》へは顕はれ申さず候。（「兄杉梅太郎宛」一八五一年六月二日付）

これは、前月の一三日付で送られた兄からの書簡への返書であり、『新論』が、一般の

図８　毛利敬親（山口県立山口博物館蔵）

「書肆」（書店）にならぶことの少ない稀覯《きこう》書《しょ》であったことを示す好例でもある。残念ながら、この兄杉梅太郎の来信は散逸しており、ただ「二白」（追伸）のみが残るだけであるが、松陰の書簡の内容から推測すれば、江戸における学問状況や貴重書の照会を中心としたものであったと考えられる。すなわちこの時点で、松陰はもとより彼の実家も——否、先の「本藩既にこれを致せりや否や」（前掲「郷人に与ふる書」）という記述を考えれば、長州藩校明倫館《めいりんかん》においてすら、『新論』を所蔵していなかったことが分かる。事実、明倫館の蔵書目録には、一八五七（安政四）年に公刊された『新論』のみが記載されているだけなのである（畑地正憲ほか編『明倫館国書分類目録　付・今井似閑本目録』山口大学人文学部漢籍調査班、一九九二年）。

むろん、村田清風の手になる写本があるように、長州藩において『新論』がまったく存在しなかったと考えることはできない。ただし彼は、「江戸桜田官舎」において筆写したと記しているのであるから、『新論』そのものが萩城下にもたらされた時期については明確ではない。海原徹氏は「天保末年、僧月性の手」によって『新論』が萩にもたらされたと指摘しているが（『吉田松陰と松下村塾』ミネルヴァ書房、一九九〇年）、少なくとも松陰の周辺には、流通していなかったことは確かである。「官許之れなき書」である『新論』の稀覯性《レア》を認識した松陰は、やがて、『新論』をみずからの選択で読むのである。

深まらぬ「読み」

『新論』が入手困難な稀覯書であることを、兄に対して書き送った同月の末に、松陰は、ともに江戸へ留学していた同藩の中谷正亮《なかたにしょうすけ》とともに、『新論』を会読している（『辛亥日記』一八五一〈嘉永四〉年六月二八日条）。これが、松陰が『新論』を読んだと言えるはじめての記録である。しかし、この『新論』会読の記録はこの日のみであって、どの程度熟読したのかは知ることはできない。おそらくその読み込みはいまだ深まらぬままであっただろう。

このころの松陰は、それまでに接したことのない膨大な知識の前に、自分の取るべき道が見えなくなっていた。それゆえ一時は、「兵学をば大概に致し置き、全力を経学に注ぎ候はば一手段之れあるべく候」（「兄杉梅太郎宛」一八五一年八月一七日付）と、家学としての兵学を棚上げすることすら考えるような状態であった。同じ書簡で、「方寸〔心中〕錯乱如何《いかん》ぞや」とすら叫んだ彼であったが、結局は、「代々相伝の業」を捨てることはできないと悟り、やや消去法的にではあるが兵学へと帰っていったのである。

しかしそれでも、「何を守るのか」ということについては、いまだ彼のなかで明らかにはなっていなかった。日本の尊厳性を謳《うた》い上げる『新論』を会読はしたものの、この時期の松陰のなかに「日本」という自己像が芽生えることはなかった。実際、この江戸留学における彼には、日本を語る言説を積極的に摂取しようとする態度はほとんどみられないのである。

近世日本における「知」の標準

みずからの進むべき道に迷い、煩悶《はんもん》を続けつつも、結局は兵学への回帰を選択した松陰は、その後も答えを求めるように、いくつもの学者の門を叩き、そして江戸留学中の他藩士との会読に参加し続けた。そうしたなか、「方寸錯乱」を訴えた翌月に、やはり郷里の兄へ宛てた書簡において次のように記している。

日本歴史・軍書類尤も力を用ふべきものの由、或る人に聞き候へども、未だ及ぶに暇《いとま》あらず。其の人云ふ、「御藩の人は日本の事に暗し」と。私輩国命を辱《はずかし》むる段、汗背に堪へず候。

（「兄杉梅太郎宛」一八五一〈嘉永四〉年九月二一日付）

おそらくは会読などの場においてであろうが、他藩の参加者に、「長州藩の人間は、日本に関する知識に暗い」と松陰は指摘されたという。彼は、自藩の名誉を傷つけたことを恥じてはいるものの、「未だ及ぶに暇あらず」などと釈明して、結局はこの忠告を無視してしまう。日本に関する知識の摂取に時間を割《さ》くことすら厭《いと》う彼にとって、歴史すら日本のそれではなかった。先の兵学への回帰を記した書簡において、彼は次のように、やや愚痴めいた口調で、自分が現在取り組んでいる課題について述べている。

大家《たいか》の説を聞き候処、本史を読まざれば成らず、『通鑑』や『綱目』位にては垢抜《あかぬ》け申さざる由。二十一史亦浩瀚《こうかん》なるかな。頃日《このごろ》とぼとぼ『史記』より始め申し候。

（前掲「兄杉梅太郎宛」一八五一年八月一七日付）

歴史を学ぶには、『資治通鑑《しじつがん》』（司馬光《しばこう》撰）や、これを再編成した『資治通鑑綱目《こうもく》』（朱熹《しゅき》撰、実際には門人の趙師淵《ちょうしえん》の筆）などではなく、「本史」を読まなければならない——と「大家」に諭された松陰は、「二十一史」を「とぼとぼ」読みはじめている。「学問に捷径《はやみち》なし」とは洋の東西を問わず、一つの真理であり、ダイジェストではなく、原典にあたるべきだというアドバイス自体は妥当なものだと言える。しかし、このときの彼が「歴史」として学ぼうとしていたものは、あくまで『史記』以来の中国史にほかならなかった。これは、「大家」をはじめとした当時の知識人の「知」の標準がどのようなところにあったかを示すものでもあろう。こうした言動からは、しばしば松陰に対して投げかけられる「狂信的な自民族中心主義者」といった姿を見出すことは難しい。彼が日本という自己像を獲得するに至るには、江戸を離れた東北遊歴の途上に立ち寄った水戸での会沢正志斎をはじめとする人々との交流を俟《ま》たねばならなかった。

水戸での松陰

松陰の東北遊歴は、一八五一（嘉永四）年末より足かけ五ヵ月にわたるものであり、そのうち一ヵ月以上を水戸で過ごしている。この間、松陰が会沢を七回も訪ねていることは驚きに値する（ただし内一回は会沢が不在であった）。年末年始の二週間ほどは、同藩領内の小旅行に出ているので、水戸城下での松陰は、文字通り三日にあげず会沢を訪ねていたことになる。こうした会沢宅への訪問について、松陰は次のように『東北遊日記』に記している。

会沢を訪《と》ふこと数次なるに率《おおむ》ね酒を設く。水府の風、他邦の人に接するに款待《かんたい》甚だ渥《あつ》く、歓然として欣《よろこ》びを交へ、心胸を吐露して隠匿する所なし。会々《たまたま》談論の聴くべきものあれば、必ず筆を把《と》りて之れを記す。是れ其の天下の事に通じ、天下の力を得る所以《ゆえん》か。

（『東北遊日記』一八五二〈嘉永五〉年正月一七日条）

会沢邸に行くと、たいていは酒が出て、大変厚くもてなしてくれ、胸襟を開いて互いに交わることができた。議論のなかで重要なことがあれば、かならず記録するのは、なるほど水戸藩が天下にその名を響かせる所以なのだ――と松陰は言う。当時の水戸には、こうした遠来の客を歓待する気風があったようである。ただし、松陰は下戸《げこ》なので、酒宴攻勢には閉口したに違いない。とは言えこうした下にも置かぬ歓待を受けた松陰は、当然のように彼らから強い感化を受けたのであり、のちに彼は次のように語っている。

客冬水府に遊ぶや、首《はじ》めて会沢〔正志斎〕・豊田《とよだ》〔天功《てんこう》〕の諸子に踵《いた》りて、其の語る所を聴き、輒《すなわ》ち嘆じて曰く、「身皇国に生まれて、皇国の皇国たる所以を知らざれば、何を以てか天地に立たん」と。〔萩に〕帰るや急に六国史を取りて之れを読む。古聖天子蛮夷を懾服《しょうふく》〔従わせる〕するの雄略を観る毎《ごと》に、又嘆じて曰く、「是れ固《まこと》に皇国の皇国たる所以なり」と。必ず抄出して以て考索に便にす、鹵莽《ろもう》の甚しきと雖も、亦已に一週を卒《お》ふ。（「来原良蔵《くるはらりょうぞう》に復する書」一八五二年六・七月ころ）

図9　会沢正志斎

この「皇国の皇国たる所以」すなわち「日本が

日本である根拠」という視座こそ、松陰に「日本」という自己像を与えるものであり、鶴《つる》峯戊申《みねしげのぶ》のことばを借りれば、「国家の大意の旨」にほかならなかった。

会沢の固辞

それまで「未だ及ぶに暇あらず」などと逃げ口上を述べていた松陰であったが、水戸での経験は、そうした態度に根本的な反省をうながすものであった。六国史を耽読し続けた彼は、古代の「聖天子」が「蛮夷」を恐れ従わせたような「雄略」によってこそ、日本は日本たり得るのだという結論に達する。それは、兵学者としての自分が守るべきものを明確に自覚した瞬間であった。

このように、松陰の水戸滞在は、彼に思想上の転回を与えるものであった。しかし、意外なことに、会沢との面会において、彼は『新論』に接することができていなかった。この事情について、のちに松陰は次のように語っている。

『海国図識《ママ》』〔『海国図志』〕御買入妙々、数十月を待ち候へば必ず世間へも出で申すべく、強《あなが》ち差急ぎ候に及ばずと存じ奉り候。『新論』追付《おっつけ》、何卒一見仕り度く候。寅〔松陰〕等常陸《ひたち》に遊び候節、会沢此の作ある事は申し候へども、未だ脱藁《だっこう》仕らざる故見せられぬと申し候事。

（「兄杉梅太郎宛」一八五五〈安政二〉年正月八日付）

これは、ペリー艦隊への密航の罪のために、萩の野山獄《のやまごく》に投獄されていた松陰が、兄・

杉梅太郎に宛てた書簡である。梅太郎が購入したという『海国図志』は、清国人の魏源《ぎげん》（一七九四〜一八五七）がアヘン戦争への反省に立って、数次にわたり編纂した世界地理書であり、日本には一八四七年にまとめられた六〇巻本が流布していた。この書簡の前年には、「墨利加《メリカ》（アメリカ）洲部」などが和刻されており、梅太郎はその一部を入手したのであろう。また「『新論』追付」とは、『海国図志』のように、『新論』もまた早晩公刊されるであろうとの意味であり、この文面を見る限り、水戸訪問から四年を経てもなお、松陰個人は『新論』を所持できていなかったことが分かる。

会沢は、終生、『新論』に加筆修正を施し続けた。現在、その自筆本は宮内庁書陵部に所蔵されており、そこには多くの修正を認めることができる。直接面談した松陰に対しても、未定稿であることを理由に閲覧させなかったことは興味深い事実である。

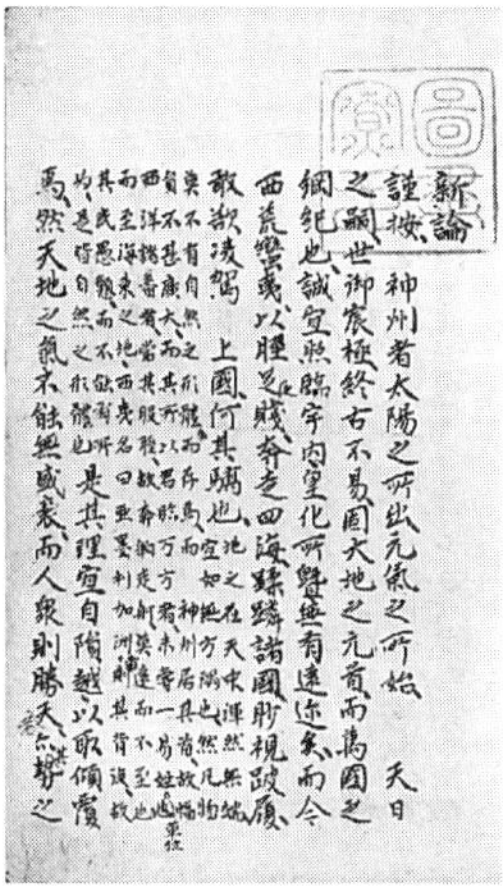
新論
謹按
神州者太陽之所出元氣之所始　天日
之嗣世御宸極終古不易固大地之元首而萬國之
綱紀也誠宜照臨宇内皇化所曁無有遠邇矣而今
西荒蠻夷以脛足之賤奔走四海蹂躙諸國眇視跛履
敢欲凌駕上國何其驕也
是其理宜自隕越以取傾覆
焉然天地之氣不能無盛衰而人衆則勝天勢之

図10　会沢正志斎『新論』自筆本（宮内庁書陵部蔵）

会沢をとりまく政治的危険

松陰が水戸を訪れたころの水戸藩は、幕府から隠居・謹慎を命ぜられた徳川斉昭《なりあき》が、ようやく藩政への関与が許されるようになった時期であり、水戸藩改革派に復権の兆しが見えはじめていたときでもある。しかし、改革派の中心人物であり、会沢に師事した藤田東湖《ふじたとうこ》（藤田幽谷《ゆうこく》の息子、一八〇六〈文化三〉～五五〈安政二〉）の蟄居《ちっきょ》が解かれていなかったように、彼らへの風当たりはなお強いものがあった。このように考えると、会沢が『新論』を松陰に見せなかったのは、たんに未定稿であるというだけではなく、体制批判の内容を含むこの書を藩外の人間へ自著として示すことの政治的な危険性に会沢が敏感であった可能性も否定できない。

『新論』が公刊されるのは、松陰が会沢のもとを訪ねてから五年もの時を経た、一八五七（安政四）年のことである。この政治的危険性を帯びた書が、官許を得て公刊される背景には、水戸藩改革派の復権という潮流があった。すなわち、ペリー米国艦隊の来航直後に、斉昭が幕府の海防参与となり政治的発言力を回復させると、会沢もふたたび弘道館《こうどうかん》総教に就き名誉回復を遂げる。しかし、松陰が訪ねたころの会沢は、つい二年前に蟄居を解かれたばかりの身であった。そうした状況にあった彼が、松陰に『新論』の閲覧を許さなかったというのは、かならずしも過剰な警戒心ではなかったと言えよう。

『新論』の影響

水戸への訪問によって、「日本」という自己像を自覚させられた松陰であったが、彼は水戸では『新論』を得ることはできなかった。しかし、これ以降の彼の発言に、『新論』の強い影響を見ることはできる。これは、東北遊歴の同道者であった肥後藩の宮部鼎蔵《みやべていぞう》（一八二〇〈文政三〉～六四〈元治元〉、池田屋事件で闘死）が所持していたものを読んだ可能性が考えられる。

松陰が「皇国の皇国たる所以」を発見したと記した前掲の「来原良蔵に復する書」には、「皇朝、武を以て国を立つ」という表現を見ることができる。これは「天朝、武を以て国を建て、詰戎方行《きつじゅうほうこう》〔軍備を調え四方に武威を振うこと〕せしこと、由来旧《ふる》し」（「国体篇」中）という『新論』の表現に倣《なら》ったものであろう。「皇国の皇国たる所以」を「古　聖天子、蛮夷を懾服《しょうふく》するの雄略」と喝破した松陰は、まさにこのとき会沢尊攘論の信奉者であることを表明していたのである。

祭政一致論への共鳴

このほかにも松陰は、『新論』に強くみられる祭政一致論に対しても強く共鳴していた。会沢は、「祭は以て政となり、政は以て教となる」ような、祭政、さらには政教の一致によって、「億兆心を一にして、皆その上に親しみて離るるに忍びざるの実」（「国体篇」上）を得ることを主張した。このことは、後期水戸学、とりわけ会沢にとっての「敬神・尊王」が、あくまで人心掌握のためのイデオロギーであって、それ自体は目的ではなかったことを意味している。それは、いわば神道の政治的利用であった。そしてこうした「手段」としての神道理解を、松陰は『新論』から学んだのである。

たとえば、東北遊歴を終え、帰国したのちの松陰は、「儲糗話《ちょきゅうわ》」と題する小文で、次のように記している。

> 当今、士農工商寺社共に節季〔年末〕の餅舂《もちつき》せざるはなし。此の序《ついで》に士農工商出家社家何によらず、御国中に在り合ふものは皆儀式〔定例行事〕となし、其の分限〔身分〕相当の糗《ほしいい》を作り官倉へ納めたきことなり。些《ち》と滑稽に類したれども、諸郡は村毎《ごと》の総鎮守社の中に倉廩《そうりん》〔穀物倉庫〕を立て、餅舂の時に乗じ初穂をとり曝《さら》し、春祭の時必ず鎮守社に詣でて、意《こころ》を精《くわ》しく〔清らかに〕して之れを献ぜしめ、祭後、役人共立合ひ倉廩を封じ、社人に命じて之れを守らしめ、又秋陽にて曝す時も役人立合ひて、並びに奸曲〔悪事〕を詰《なじ》り、扠《さ》て廩を発して民を賑《にぎ》はす〔救済する〕時は神意を伺ひて後是れを行はば、民をして神を敬せしむる一端となるべし。民をして神を敬せしむるは迂《う》に似て甚だ関係あることなり。　（「儲糗話」一八五二〈嘉永五〉年秋）

「儲糗」とは、飢饉に備えて、干飯《ほしいい》を蓄えよということであり、こうした主張自体は朱子の社倉法や、近世諸藩で実施された義倉《ぎそう》などの、いわゆる備蓄救荒策の一種であると言える。しかしこの松陰の「儲糗話」は、たんなる救荒を目的とするものではない点に、独自性をみることができる。すなわち彼は、干飯を村々における総鎮守社の倉庫に保管し、これを供給する際には「神意を伺ひて後是れを行」うことで、「民をして神を敬せしむる一端」としようと主張しているのである。

こうした考えを「些と滑稽に類したれども」と言っていることからも分かるように、松陰の目的は、「敬神」そのものではなく、これを通して民心を掌握することにほかならなかった。このように「儲糗」と「敬神」とを結合させて論ずるとき、彼が手本としていたのが『新論』の次のような主張であった。

国造《くにのみやつこ》・県主《あがたぬし》等は、その国土〔地域〕の神を祭り、稲置《いなぎ》〔地方官の一〕ありて以て稲を儲《たくわ》ふ。今、これに倣《なら》ひて制を設くれば、凶荒には以て饑《き》を賑すべく、軍旅には以て糧を助くべし。その神威に因りて以て民事に便すべきもの甚だ多し。……今世、或は仏事に因《よ》りて以て民を聚《あつ》め事を作《な》すに、その応ずるや響のごとし。また以てその効の速やかなるを見るべし。況んや神威の以て民を動かすべきは、仏の比にあらざるをや。（『新論』「長計篇」）

上代、国造や県主などは地域の神々を祀り、稲置は屯倉《みやけ》を管理して稲を収める。この稲置に倣って、「神庫」に稲を蓄えれば、凶作の際には飢餓《きが》を救い、戦時には兵糧《ひょうろう》となるだろう。このように神威に拠って人民統治に役立つものはまことに多いのだ――と会沢は言う。そしてさらに彼は、「神威」による人心掌握の力は、「仏の比」ではないと、その期待できる効果の高さを誇ってさえいるのである。

こうした凶荒時における御《お》救米《すくいまい》などの給付に際して「神威」を覚えさせようとする『新論』と、人民を救済するときには「神意」を伺ってから行うべきだと主張する「儲糗話」との親近性は明らかであろう。このように、当時の松陰は『新論』から極めて強い影響を受けていた。

脱藩の結末

実は、松陰による先の東北遊歴は、亡命（脱藩）の罪を犯しての挙であった。それゆえ萩に帰った彼は、半年以上にわたって、この罪に対しての処分を待たねばならなかった。今日われわれが彼を呼ぶときの「松陰」という号は、この待罪の時期から常用されるようになったものである。

最終的に松陰は、御家人召放《めしはなち》、すなわち長州藩士としての籍を削られるという処分を受ける。こうして松陰は、長州藩山鹿流兵学師範という社会的地位を剝奪され、「長州浪人」となってしまったのである。だがそれは、幼少のときから彼のうえにのしかかっていた家学という重みからの解放をも意味していた。さらに彼の才能をその幼いときから嘉《よみ》していた藩主毛利敬親が、内々に一〇年間の諸国遊学の許しを与えたことは、松陰の解放感に一層拍車をかけたに違いない。

以後、軛《くびき》を解かれたかのごとく、彼は自己像としての「日本」の姿を確認するように日本全国を遊歴していく。そしてついには、外からその姿を知るべく、「五大洲を周遊せんと欲す」（「投夷書」一八五四〈安政元〉年）と宣言し、ペリー率いる黒船を目指していくこととなるのだが、それは、結局のところ彼の遊歴の終焉をもたらすものでもあった。

会沢への敬意

一〇年間の諸国遊学を許された松陰は、ふたたび江戸を目指した。みずからの守るべきものを見出した彼にとって、江戸という巨大な情報発信都市は、もはや彼に煩悶や焦燥を与える土地ではなく、彼の進む道を支える知識の都となったのである。

江戸に向かう途上の大和国高取藩において、彼は、藩儒の谷三山《たにさんざん》と出会っており、その対談記録が残っている。対談が記録されるというのは珍しいことであるが、三山は少年のときに聴覚を失っているので、松陰が筆談で彼と交わったため、紙上にことばが残ったのである。この筆談記録のなかに、「水藩の人物」すなわち水戸藩における名士たちについて紹介しているものが見られる。

ここで松陰は、豊田天功（一八〇五〈文化二〉～六四〈元治元〉）・藤田東湖・青山延光《あおやまのぶみつ》（一八〇七〈文化四〉～七一〈明治四〉）といった水戸学者たちの筆頭に、会沢の名を挙げて、「著はす所の新論尤《もっと》も世に行はる」（「谷三山と筆談」一八五三〈嘉永六〉年四・五月ころ）と記している。そこには、『新論』と、その著者である会沢に対する強い敬意をみることができるであろう。

黒船来航

江戸へ向かう道中は、『癸丑遊歴日録《きちゆうゆうれきにちろく》』と題する日記に事細かに記されている。そこには、各地の儒学者や兵学者を足の赴くままに訪ね、彼らとの交流から多くの刺激を得ていた松陰の姿が描かれている。しかし、こうした気楽でのびのびとした旅は、突然に終わることとなる。すなわち彼が江戸に入った直後、ペリー准将率いる米国海軍艦隊が浦賀に来航したのである。

この黒船来航の報せを受けた松陰は、「書を投じて起《た》ち、袂《たもと》を振つて出で、将《まさ》に浦賀に趨《おもむ》かんとす」（『癸丑遊歴日録』一八五三年六月四日条）と記し、浦賀に急ぎ駆けつけている。守るべき「日本」という自己像を手にした彼にとって、戦うべき「他者」が現実のものとしてその姿を見せたことは、彼を強く揺り動かしたに違いない。そしてこれ以降、世情もまた、一気に緊迫の度を強めていく。

こうしたなかで、兵学者としてみずからを任ずる松陰は、藩主に対し、いくつかの時務策や上書を提出している。しかしそれは、すでに士籍を削られ、浪人となったものとしては、明らかに分不相応な行為であった。それゆえ彼は、「大いに宦官《かんがん》〔ここでは藩官僚のこと〕の悪《にく》む所となり、〔藩邸〕邸内に入る事も断られ」るという事態に陥ってしまったのである（「兄杉梅太郎宛」一八五三年八月三〇日付）。

「憎むべきの俗論」

「位卑《くらいいや》しくして、言《げん》高きは罪なり」――その地位にないものが、不相応な議論を展開することは罪であると孟子《もうし》は言う（「万章下」）。浪人の身でありながら、藩主に上書した松陰の行為は、多くの人々の目に「罪」として映ったことであろう。しかし、同時に孟子は、「人の本朝〔任えている朝廷〕に立ちて、道行われざるは恥なり」とも言っている。松陰が、僭越《せんえつ》の誹《そし》りを甘んじてでも発言しなければならなかったのは、藩内の高位高官にみられた「恥」を知らない「憎むべきの俗論」に対して、彼が強い不満を抱いていたからであった。彼が藩に提出した第一の上書には次のように記されている。

近時一種の憎むべきの俗論あり。云はく、江戸は幕府の地なれば御旗本及び御譜代・

御家門の諸藩こそ力を尽さるべし、国主の列藩は各々其の本国を重んずべきことなれば、必ずしも力を江戸に尽さずして可なりと。

（「将及私言《しょうきゅうしげん》」一八五三〈嘉永六〉年八月）

江戸は幕府の領分であるから、幕府とその関係者が守ればよいのであって、諸藩がこれに協力する謂われはない。諸藩は、その領国を守るだけで十分なのだ――こうした封建的な割拠意識に基づく主張に対して、松陰は強い反発を覚えていた。守るべき「日本」という自己像を手にした彼にとって、幕府はもとより三百諸侯のうちの一つでも「外夷」に侵されることは、そのまま日本全体の危機を意味していたからである。

実践の書として

こうした危機意識に基づき、松陰は「将及私言」において多くの施策を説いており、そのなかには次のような新たな海防体制の確立を訴える一文を見ることができる。

船艦の制、西洋に倣《なら》ふの便なることは、諸家の説、累々〔多くあるさま〕なり。〈古賀侗菴《とうあん》『海防臆測』、会沢正志〔斎〕『新論』、塩谷宕陰『籌《ちゅう》海《かい》私議』、佐久間象山『外船議』等最も著はる。〉然れども終《つい》に未だ公然として其の説を用ふる者あらず。

（前掲「将及私言」）

西洋式の軍艦を建造すべきことを主張する箇所に、松陰は『新論』を引く。このことは、松陰が『新論』をたんに「皇国の皇国たる所以」という日本の存在理由を語った書（国体論）としてだけではなく、現状に対処しうる実践の書（海防論）として認識していたことを意味している。

事実『新論』には、「よろしく邦国に賦して、巨艦を興造せしむべし」（「守禦篇」）と、大船建造を各藩に命ずべきことが説かれている。こうした主張は、徳川幕府の草創期より続く大船建造禁止令を否定することであり、『新論』が執筆された一八二五（文政八）年という時代を考えれば、極めて斬新かつ危険な発言であった。三〇年近く前の書に、松陰が惹かれ続けた理由の一端はそうした危うさにあったに違いない。

遊歴の終焉

ペリー艦隊が浦賀から退帆すると、ほぼ間を置かずに、ロシアのプチャーチン艦隊が長崎に来航する。こうしたあわただしい状況に臨んで、松陰は『新論』を実践の書として読み込み続けていた。

宮部〔鼎蔵〕と『新論』を読むこと数過、内に一言懐に触るるものあり、曰く、「英雄の天下を鼓舞するや、唯だ民の動かざらんことを恐れ、庸人の一時を湖塗するや、唯だ民の或は動かんことを恐る」〔「国体篇」上〕。此の言以て今日の事を論ずべしと。

（「兄杉梅太郎宛書簡」一八五三〈嘉永六〉年一二月三日付）

このころの松陰は、宮部鼎蔵と繰り返し『新論』を読み続け、その所説に共鳴し、ともに志を同じうしていた。そこには、『新論』会読の記録を一回でやめてしまったかつての松陰の姿は、もやはみられない。

松陰は「民の動かんこと」を願っていた。日本全体が一つとなって、この国難にあたることを彼は欲していたのである。しかし、結局、翌一八五四（安政元）年三月に日米和親条約が締結され、直面していた危機は雲散霧消してしまう。そこで彼は、かねて計画していた海外渡航の実現のため、ペリー艦隊への密航を決行するのだが、周知の通り、この挙は失敗に終わり、彼は長州藩の野山獄に投獄される。かくて、彼の幽室での読書生活がはじまるのである。

読書の人

獄中の読書録

「三余読書」と「天下の至楽」

獄中の松陰は、「三余説」（一八五五〈安政二〉年四月二日）という小文を草している。「三余」とは、本来、読書にふさわしい三つの時——年の余りとしての冬、日の余りとしての夜、そして時の余りとしての陰雨（長雨）——を意味する。しかし彼は、「吾れは我が三余を得たり」と断じ、まったく新しい独自な「三余」を唱えた。

みずからが罪人であることを深く自覚していた松陰は、自分が生きていられることは、「君父の余恩」「日月の余光」「人生の余命」という「三余」の賜物《たまもの》であると考えた。彼はこうした自分だけの「三余」に対する感謝の念を、「三余読書」ということばに託しつつ、日々を読書に費やしていったのである。のちに「僕罪を獲《え》て以来、首を図書に埋《うず》め、以為《おも》へらく天下の至楽、以て是れに尚《くわ》ふるなしと」（「桂小五郎に与ふる書」一八五七〈安政四〉年一〇月二九日付）と記したように、彼はまさしく「読書の人」（香川政一『吉田松陰』含英書院、一九三五年）であった。

『野山獄読書記』

松陰が萩の野山獄《のやまごく》に投獄された一八五四年末から、出獄し在所蟄居《ちっきょ》していた一八五七年末に至るまでの足掛け四年にわたって、松陰の読了書籍を詳細に記録したのが、『野山獄読書記』（以下『読書記』）である。この『読書記』は、精巧な原寸大の影印版（便利堂、一九三一年）が、松陰全集に先立って刊行されているように、その存在は広く知られている。しかし、松陰における思想的変遷の軌跡をたどることのできるこの書の内容については、先行研究においてあまり注目されてこなかった。

むろん、『読書記』がまったく無視されてきたわけでもない。戦前における松陰研究の「古典」とも言うべき広瀬豊『吉田松陰の研究』（武蔵野書院、一九四三年）も、

（『読書記』は）野山獄中から出獄後安政四年（一八五七年）迄の読書日記である。これによつて吾人《ごじん》（われわれ）は先《ま》づ松陰の修養の糧《かて》を知り、又出獄後は門人に教へた書名をも知ることができる。

と高い評価を与え、松陰の読了書籍をかなり詳細に列挙している。しかし、松陰がどのような読書傾向をもち、またそこにいかなる変化があったのかということについては、必ずしも検討の対象とはなっていなかった。このほかには、敗戦後に発表されたはじめての体系的松陰論である奈良本辰也『吉田松陰』（岩波新書、一九五一年）が、かなり具体的に、読了書籍について分析しているのが目を引く程度である。

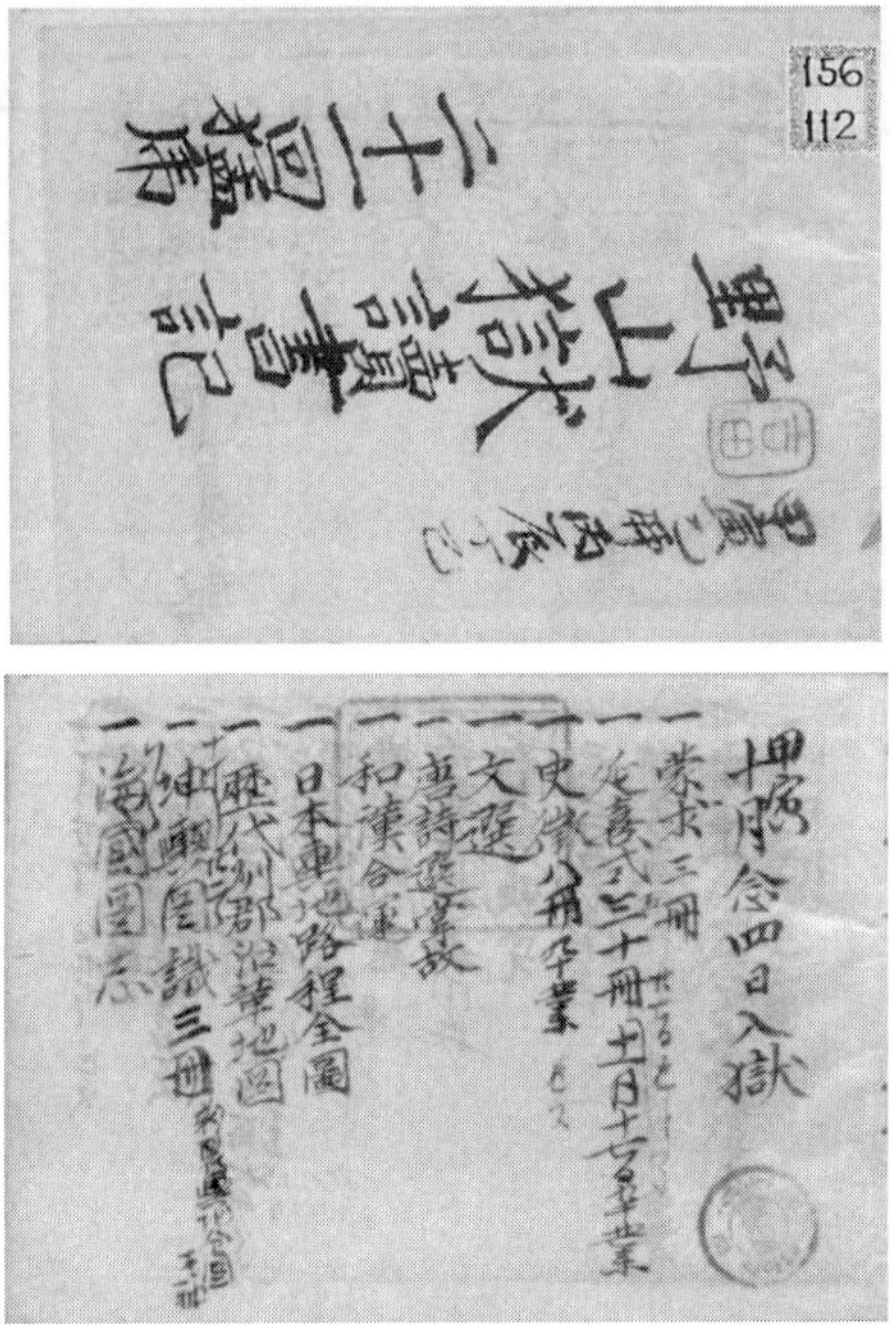

図11　野山獄読書記（上：表紙，下：冒頭，国立国会図書館蔵，影印本）

蔵書と読書のあいだ

『読書記』の最大の特徴は、それが「読書録」である点にある。すなわち、たんなる「蔵書録」ではなく、松陰が主体的に〈読んだ〉書籍が、時系列的に排列されているということである。

もとより「蔵書録」もまた蔵書するという点で、その所蔵者の主体性をみることができる。しかしながら、読書行為論に関する先駆的議論を展開したロジャ・シャルチエ氏の指摘を俟《ま》つまでもなく、「蔵書」行為と「読書」による思想形成とは、一致するものではない（R・シャルチエ〈福井憲彦訳〉『読書の文化史―テクスト・書物・読解―』新曜社、一九九二年）。

「蔵書」行為が表現するものは、あくまで傾向であって、これに対して読了するための時間を必要とする「読書」には、その書籍を選択し、入手しようとする主体的な意志が現れている。この点で、読書録には、読書者におけるその時々の志向が、極めて鋭敏に反映されていると言ってよい。松陰には、その瞬間に、その書を読むべき必然性があったのであり、その必然性をわれわれは『読書記』の行間に読み取ることができるであろう。

『読書記』にみえる読了冊数

松陰が『読書記』に記した読了書籍の総冊数については、研究者によって見解が異なっていた。と言うのも、『読書記』はあくまで松陰の手控えであって、整序された著作ではないために読み取りが難しく、また読了冊数を計上した松陰自身にもいくつかの勘定違いが見られるからである。こうした読了冊数に関する細かい内容については、かつて検討を加えたので本書では割愛する（拙稿「吉田松陰『野山獄読書記』の基礎的考察」『文化』六七―一・二、二〇〇三年）。『読書記』において、松陰は、月計そして半年計さらに年計を計上しているので、これに倣いつつ、その全体像を概観すると左のような表を描くことができる（表1）。

『読書記』において、読了書籍が確認できるのは三七ヵ月間であり、読了書籍の総冊数一四六〇冊をこれで割ると、松陰は、一月当たりで約四〇冊（三九・四六冊、小数点以下第三位を四捨五入。以下同じ）を読破し続けたことになる。当時の書籍の形態が、今日のそれとは異なり、その紙幅も少ないにせよ、一日一冊以上を読了するというのは驚異的なペースであったと言ってよい。松下村塾《しょうかそんじゅく》に、「万巻の書を読むに非ざるよりは、寧《いずく》んぞ千秋〔歴史〕の人たるを得ん」（「松下村塾聯《れん》」一八五六〈安政三〉年八月）という聯句を掲げた松陰は、「首を図書に埋め」ることで、「千秋の人」すなわち歴史に名を残す人物たら

表１　『読書記』月別読了冊数

期	月	冊数
1854年冬期（安政元）	11	71
	12	35
	小計	106
1855年上半期	正	36
	2	44
	3	48
	4	49
	5	35
	6	44
	小計	256
1855年下半期	7	48
	8	42
	9	29
	10	33
	11	45
	12	40
	小計	237
1856年上半期	正	58
	2	37
	3	38
	4	40
	5	31
	6	19
	小計	223
1856年下半期	7	44
	8	36
	9	42
	10	51
	11	50
	12	59
	小計	282
1857年上半期	正	38
	2	62
	3	28
	4	14
	5	39
	閏５	31
	小計	212
1857年下半期（安政４）	6	37
	7	34
	8	30
	9	35
	10	8
	11	0
	小計	144
総計		1460

図12　松下村塾

んとしたのである。

しかし、『読書記』の最終年にあたる一八五七（安政四）年を見ると、月当り三二・三六冊と、そのペースをやや鈍化させているようにもみえる。この年の記録をはじめるにあたって、松陰は、「丁巳歳　当年は読を廃し著をやる積りなれども読む所も亦録す」と書き入れている。年初にあたって彼は、書を読むのではなく、書を読ませる側に立つことを一年の計としたのである。このころの松陰は、書を読む幽囚者から書を著す思想家へ、あるいは書を説き明かす教育者へと転身する転換期にあった。とは言え、その半年後の六月条には、

正月より六月に至る、総計二百四十九冊
是れより月々四十二冊宛課すべきものなり

と記して、これまで以上に読書に没頭することを彼は宣言している。彼にとって、この「天下の至楽」を手放すことは、実に困難なことであったようである。

『読書記』掲載書籍の分類

ここで、『読書記』における読書傾向の推移についてみておこう。まずは、松陰の読了書籍を次のように分類した。分類にあたっては、『国書総目録』（岩波書店）や山口大学による明倫館《めいりんかん》（長州藩校）等の書籍目録などを参考にしたが、本書による独自の分類も含まれている。

①医農工学…兵学を除く実学書また暦学・絵画論を含む。
②外交…外交交渉の記録も含む。
③紀行…紀行文を含む。
④教育書…武士道の著作は含まない。
⑤軍記…海外の戦記を含む。
⑥経世論…建白書を含む。
⑦国学・国語学…神道書は含まない。
⑧史書…軍記および武鑑・伝記類は含まない。
⑨詩文…和漢を問わずすべての詩文・個人文集を含む。
⑩儒学・漢学…経書解釈・儒学者の学問論を含む。
⑪宗教…神道は含まない。

外交	兵学	武士道	水戸学	尊王論	紀行	宗教	神道	叢書	合計	備考
0	0	0	0	0	0	0	0	0	71	前月末，野山獄入獄
0	0	0	2	0	0	0	0	0	35	
0	0	0	0	2	0	0	0	0	36	
0	0	0	0	0	0	0	0	0	44	
0	1	0	2	0	0	0	0	0	48	
0	0	0	0	0	0	0	0	0	49	「三余説」，孟子講義開始
0	0	0	0	0	2	0	0	0	35	
0	0	0	0	0	0	0	0	0	44	
0	0	0	0	0	1	0	0	0	48	
0	0	0	0	3	0	0	0	0	42	
2	0	0	4	0	1	0	0	0	29	黙霖と文通
2	0	0	3	0	1	0	0	0	33	
0	1	0	0	0	2	0	0	0	45	
0	0	0	0	0	0	3	0	0	40	出獄，在所蟄居
0	0	0	1	0	0	0	0	0	58	
1	0	3	0	0	0	0	0	0	37	
0	0	0	2	0	0	3	0	0	38	孟子講義再開
0	0	1	1	0	0	0	0	0	40	
0	0	0	0	0	0	0	0	0	31	
0	5	0	2	0	0	0	0	0	19	孟子講義終了
1	0	15	1	0	0	0	0	0	44	
0	0	0	0	0	1	0	2	0	36	黙霖との書簡論争
0	0	0	0	1	0	0	1	0	42	「松下村塾記」
0	1	1	2	1	0	0	2	1	51	
0	0	0	0	0	0	0	0	0	50	
0	3	0	0	0	0	0	0	5	59	梅田雲浜来塾
0	1	0	0	2	0	0	0	8	38	
15	0	0	0	0	0	0	0	9	62	
0	0	1	0	0	0	0	0	0	28	来塾者増加
0	1	0	0	0	0	0	0	0	14	
0	3	0	1	0	0	0	0	8	39	
1	2	0	0	0	0	0	0	8	31	
1/3	3	0	0	0	0	0	2	0	37	
1	1	0	0	0	0	0	0	2	34	富永有隣招聘
1	0	0	0	0	0	2	0	0	30	
0	0	0	0	0	0	0	0	1	35	
0	0	0	0	0	0	0	0	0	8	
24 1/3	22	21	21	9	8	8	7	42	1460	
外交	兵学	武士道	水戸学	尊王論	紀行	宗教	神道	叢書	合計	
1.67%	1.51%	1.44%	1.44%	0.62%	0.55%	0.55%	0.48%	2.88%	100.00%	

したものを，各々分類したためである．

表２　『野山獄読書記』にみる読書傾向

年　　月	史書	詩文	軍記	律令・法令	儒学・漢学	武鑑・伝記	地誌	教育書	国学・国語学	医農工学	経世論
1854・11	8	0	0	60	0	0	0	3	0	0	0
1854・12	8	0	0	0	0	23	2	0	0	0	0
1855・正	16	2	16	0	0	0	0	0	0	0	0
1855・２	20	0	20	0	0	0	4	0	0	0	0
1855・３	20	1	23	0	0	0	1	0	0	0	0
1855・４	24	1	0	3	0	0	20	0	0	0	1
1855・５	23	3	0	2	0	0	0	0	0	5	0
1855・６	30	1	0	0	0	0	5	0	0	8	0
1855・７	39	3	0	0	0	0	3	0	0	2	0
1855・８	10	15	0	8	0	3	2	1	0	0	0
1855・９	4	4	0	0	10	0	4	0	0	0	0
1855・10	15	8	0	0	0	0	4	0	0	0	0
1855・11	16	19	0	0	0	7	0	0	0	0	0
1855・12	17	10	0	0	10	0	0	0	0	0	0
1856・正	53	4	0	0	0	0	0	0	0	0	0
1856・２	1	27	0	0	1	0	3	0	0	0	1
1856・３	26	3	0	0	1	0	3	0	0	0	0
1856・４	26	10	0	0	1	1	0	0	0	0	0
1856・５	22	8	0	0	0	1	0	0	0	0	0
1856・６	9	1	0	0	1	0	0	0	0	0	1
1856・７	7	4	0	0	6	1	3	1	1	3	1
1856・８	24	6	0	0	2	1	0	0	0	0	0
1856・９	14	11	1	0	2	0	0	0	2	0	10
1856・10	30	1	1	1	0	1	0	3	2	0	4
1856・11	23	2	4	0	5	1	0	6	9	0	0
1856・12	26	0	0	0	0	5	0	2	7	5	6
1857・正	7	2	0	0	0	1	3	2	3	1	8
1857・２	10	13	2	0	2	0	0	1	0	10	0
1857・３	4	2	3	0	1	5	0	0	8	4	0
1857・４	5	4	0	0	0	0	0	1	3	0	0
1857・５	13 1/4	9 1/4	0	1/2	1/3	1/3	1/3	0	2	0	1
1857・閏５	3	2	5	1	0	1	0	5	2	0	1
1857・６	4	5	4 1/3	0	5	1/3	0	3	7	3	0
1857・７	1	10	3	0	4	6	0	0	5	1	0
1857・８	1	8	0	1	4	1	0	11	1	0	0
1857・９	2	5	1	0	9	0	0	14	0	0	3
1857・10	1	1	0	0	6	0	0	0	0	0	0
小　計	562 1/4	205 1/4	83 1/3	76 1/2	70 1/3	58 2/3	57 1/3	53	52	42	37
分　類	史書	詩文	軍記	律令・法令	儒学・漢学	武鑑・伝記	地誌	教育書	国学・国語学	医農工学	経世論
百分率	38.51%	14.06%	5.71%	5.24%	4.82%	4.02%	3.93%	3.63%	3.56%	2.88%	2.53%

分数での冊数計上は，当該書籍が小冊子であったため，松陰が他の書籍と合せて１冊と

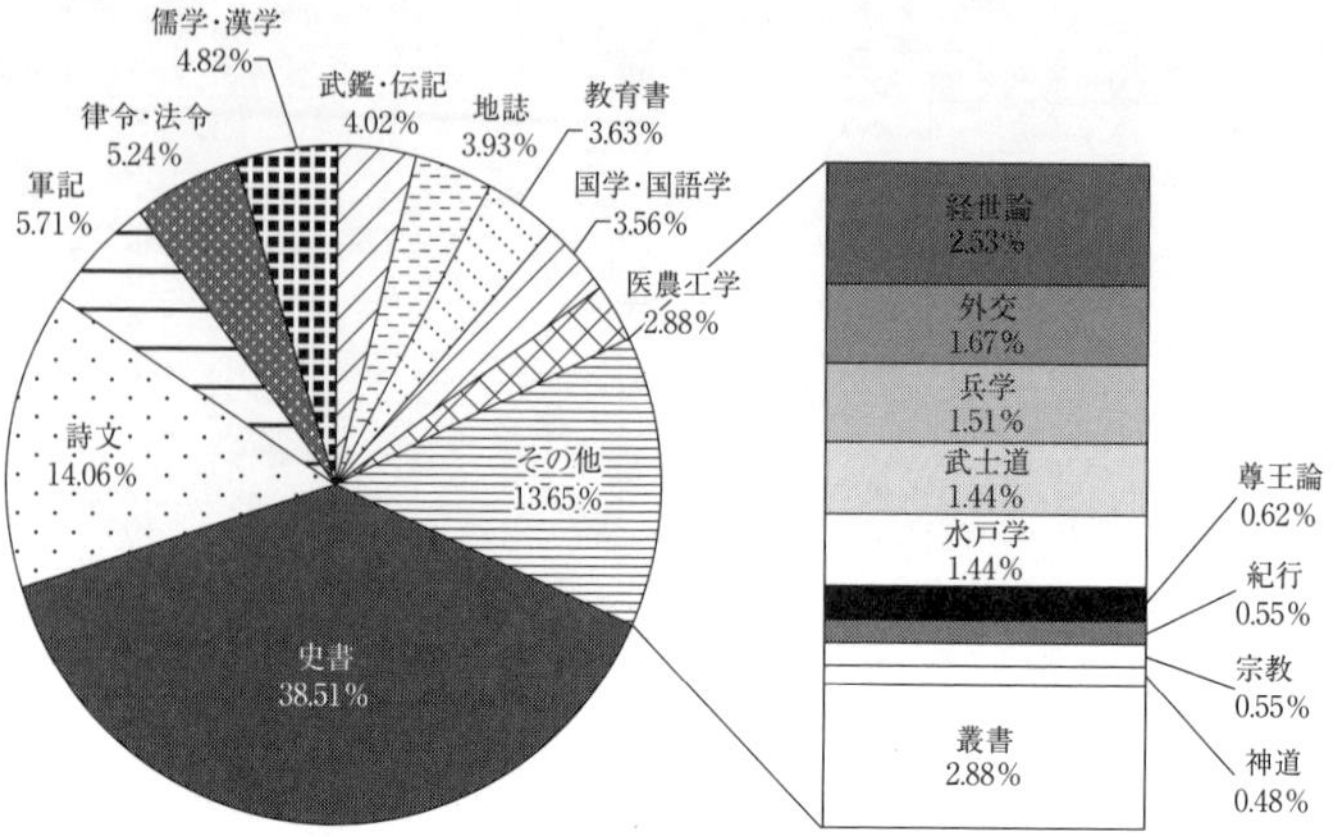

図13　『野山獄読書記』にみる読書傾向（全体）

⑫神道…神社縁起を含む。
⑬水戸学…後期水戸学派の著作はここに属する。
⑭尊王論…国学系統以外の尊王論・日本中心主義を含む。
⑮地誌…海外事情書・世界地理書を含む。
⑯武鑑・伝記…軍記を含まない。
⑰武士道…内容上、士道・武士道論を問わない。
⑱兵学…和漢洋を問わない。ただし洋兵書は訳書。
⑲律令・法令…法制史を含む。
⑳叢書…現在その存在を確認できない叢書も含む。（以上、五十音順）

こうした分類に基づく各月計と全体のグラフ

が表2・図13である。

史書への傾倒

この図13のなかで目を引くのが、四〇％近く（約五六〇冊）を占める史書であろう。この事実は、いわゆる「松陰の歴史好き」という評価を裏付けるものである。ただし、こうした史書への傾倒は、必ずしも歴史に対する学的関心に由来するものではない。野山獄投獄直後の一八五五（安政二）年正月に、彼は実兄杉梅太郎に宛てて次のように書き送っている。

経学へ基《もとづ》かぬ学文《がくもん》にては捌《さば》け申さずとの御事、寅も左様思はぬにても御座なく候。〔佐久間《さくま》〕象山《しょうざん》翁経学者にて、往年従遊せし時も『論語』を熟読すべき由《よし》段々〔順を追って〕かたり、寅其の時は「甚だ然らず」と申し、「歴史を読んで賢豪の事を観て、志気を激発するに如かず」とのみ申し居り候所、象山云はく、「夫れでは間違が出来る」と。然れども遂に其の言に従はず。

（「兄杉梅太郎宛」一八五五年正月付）

松陰は、終生、佐久間象山（一八一一〈文化八〉～六四〈元治元〉）を、「吾が師」と呼び、師事し続けた。その師が『論語』を読み、経学（儒学）を修めるべきことを説いているにもかかわらず、松陰は、その勧めを拒み、あくまで「歴史」を通して、みずからの志を陶

図14　佐久間象山

治すべきことを主張したのである。こうした彼にとって、「歴史」とはあくまで「志気を激発する」ものにほかならなかった。それゆえ、獄中の弟を案じ、まずは落ち着いて「経学」を修めることを説くこの心優しい兄に対し、松陰はさらに次のように断じたのである。

> 史を観るの益あるに若《し》かずと思ふ心遂に止まず。已《すで》に孔子《こうし》も空言より行事が親切著明とて『春秋』を作り、孟子《もうし》も動《やや》もすれば、伊尹《いいん》・周公《しゅうこう》・伯夷《はくい》・柳下恵《りゅうかけい》を初め昔聖賢の事実のみを称道す。然れば心を励まし気を養ふは、遂に賢豪の事実にしくものなし。（同右）

孔子が史書としての『春秋』を著し、孟子が古《いにしえ》の先哲たちを称揚したように、空虚な理論ではなく、現実の歴史こそ学ぶべきものであると松陰は主張する。歴史としての「聖賢の事実」から「経学」の構築を企図する彼は、まさに実践の人であった。

西洋史の不在

こうした松陰が親しく読んだ史書は、どのようなものであったのだろうか。地域別に分けていくと、おおむね次のような表に描くことができる（表3）。

西洋に関する史書がわずか四冊（佐藤信淵『西洋列国史略』一八〇八〈文化五〉年）しかないことは、われわれにやや奇異の念を与えるものであろう。しかしこれは、松陰が西洋史に対して関心が低かったということを意味するものではない。むしろこの結果は、近世日本において、西洋史に関する著作が絶望的に少なかったことに起因している。と言うのも、この当時、西洋諸国の歴史はもっぱら地誌あるいは世界地理書のなかに包摂されており、独立した史書として著されることはほとんどなかったのである。近世後期の日本の知識人にとって、西洋は「歴史」としてではなく「同時代」的な問題関心の対象であった。

この意味で『西洋列国史略』は、日本西洋史学史上において、ヨーロッパを対象とした最初の歴史書として評価される。しかし、その内容は、先行する世界地理書での歴史叙述をつまみ食い的に再編集したものであって、そこに具体的な歴史観などを見出すことは難しいのが実際である（酒井三郎『日本西洋史学発達史』吉川弘文館、一九六九年）。

表3　「史書」地域分類

地域	冊数	百分率
日本	176¼	31.35%
中国	382	67.94%
西洋	4	0.71%
合計	562¼	100%

古今万国を見る

こうした西洋諸国をはじめとする世界地理知識を、松陰もまた地誌を通じて受容していた。月別読了冊数を見ると、それは一八五五（安政二）年の在獄期に集中していることが分かる。そこには、五大洲周遊という夢に破れた直後の彼が、書物を通して世界をうかがおうとする姿が現れていると言えよう。出獄後に、彼は次のように記している。

余一間の室に幽閉し、日夜五大州〈五大陸〉を併呑せんことを謀る。人皆其の狂妄《きようもう》を笑はざるはなし。是れ他人の笑ふ者は、其の居る所狭窄《きようさく》にして、余が居の広大に若《し》かざるを以てなり。吾が邦海禁の厳なりしより、天下の人六十六国の他、寸板〈ほんの小さな舟〉海に下ることを得ず。故に其の観《み》る所僅《わず》かに六十六国に止まる。狭窄と云ふべし。余独り一室に傲睨《ごうげい》〈偉そうににらむこと〉し、古今を達観し、万国を通視す。是れを以て覚えず知らず広大を致すことを得る。蓋《けだ》し余他人と其の知能大小あるに非ず、独り其の居の広狭あるのみ。

（『講孟余話《こうもうよわ》』「尽心上三六」一八五六〈安政三〉年）

魏源《ぎげん》の『海国図志』（一八四七年、六〇巻本）をはじめとする世界地理書を通して、獄中での松陰は、日本を取り巻く国際環境の理解に努めた。「五大州を併呑」するという野望の現実性はさておき、彼は、「古今を達観し、万国を通視す」るために、読書し続けたのである。

「万国を通視」すべく松陰が摂取した世界地理書の量は、出獄後には激減する。これは、この分野の書籍で入手可能なものを、彼がほぼ読了してしまったという事情もあるだろう。また彼は、米露両国との和親条約が締結されたことで、当面の軍事的危機は去ったと判断していた。それゆえ彼の関心は、地理的な「万国」から、歴史的な「古今」へとその傾斜を強めていくのである。

「唐土の歴史が読みたい」

その史書の大部分を中国史（六七・九四％）が占めていることは、先に確認した近世日本における知の標準を考えれば、当然の結果であるようにみえる（表4）。だがこれは、松陰が水戸への遊学の結果、日本の歴史に対して強い関心を有するようになったことを知っているわれわれにとっては、やや意外の感を与えるところでもあろう。もちろん、ここに含まれない伝記・軍記や外交文書集などを史書として換算した場合、多少増減する可能性はある。しかし、先ほどの「心を励まし気を養ふは、遂に賢豪の事実にしくものなし」と断じた兄宛の書簡においても、「どうにも唐土の歴史が読みたい」と記したように、彼が切望していた史書は、やはり中国史であった。

こうした中国史書の内訳を見ると、正史や『資治通鑑』などの体系的なものが多いこと

表4　史書地域別分類

地域	地域小計	地域百分率	細目	細目小計	細目百分率
日本	176¼	31.35%	日本外史	93	16.54%
			日本諸史	83¼	8.07%
中国	382	67.94%	資治通鑑	171	18.03%
			中国正史	131	16.85%
			中国諸史	42	6.50%
			左伝・国語	38	6.29%
西洋	4	0.71%	西洋	4	0.71%
地域総計	562¼	100%	細目総計	562¼	100%

・「日本外史」系には同じく頼山陽の『日本政記』や，岡田鴨里の『日本外史補』を含む.
・「資治通鑑」系には『宋元資治通鑑』などを含む.

が分かる。したがって、その読破には、大部の書を相手とせざるを得ず、おのずから冊数も増すこととなるであろうことは容易に予想される。また、日本史に関しても、その過半を、頼山陽《らいさんよう》（一七八〇〈安永九〉～一八三二〈天保三〉）の『日本外史』や、その弟子の岡田《おかだ》鴨里《おうり》（一八〇六〈文化三〉～八〇〈明治一三〉）による『日本外史補』などが占めており、そこには、史書に「心を励まし気を養ふ」ことを求める松陰の姿勢をみることができるのである。

史書に求められるもの

とは言え、足かけ四年にわたる『読書記』の記録において、松陰が史書に求めたものが常に同じであったわけではない。日本と中国関係の史書について、その変遷を記したのが、次の図15

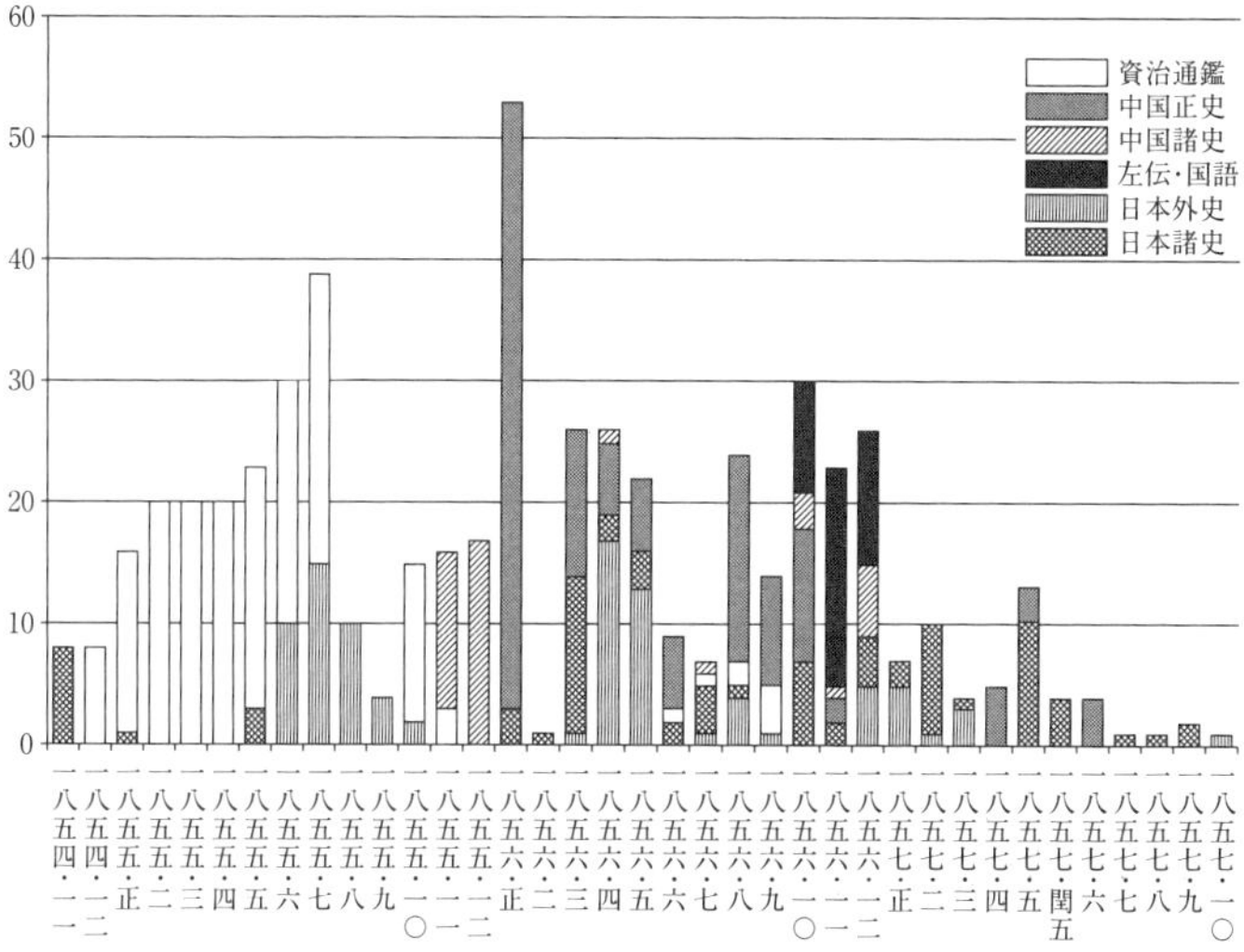

図15　日本・中国関係の史書冊数の月別変遷

である（西洋史は省いた）。

　これを見ると、中国史においては、通鑑→正史→諸史→左伝・国語という大きな流れがあることが分かる。かつて、「通鑑や綱目位にては垢抜け申さざる由」と言われ、「とぼとぼ史記より始め」た松陰であったが、ここではその「垢抜け申さざる」通鑑からはじめている。それは、まず全体像をつかみ、そのうえで個別の記述にあたろうとする態度であった。一八五五（安政二）年の一一月から一二月にかけての中国諸史書は、明末清初の歴史家である谷応泰《こくおうたい》（一六二〇～九〇）の『明朝紀事本末』（全三〇冊）であり、これもまた、歴史の全体像をつかもうとする営みであったに違いない。そして、この『明朝紀事本末』の読了をもって、松陰は中国正史へと移っていくのである。

こうした中国史への関心は、こののちも続くのだが、不思議なことに、一八五七（安政四）年に入るころから、『読書記』からは中国史書の記載が急激に少なくなる。これは、中国史書にとどまらず、史書全体の傾向と言ってもよい。もとより、この年は、「当年は読を廃し著をやる積り」と松陰が記したように、読書量自体が減る時期でもあるので当然とも言えるが、一方で日本史書においては、「日本外史」系史書に代わって日本諸史書が増えているのが目を引くところである。この時期に読まれた史書は、北畠親房《きたばたけちかふさ》『神皇正統記《じんのうしょうとうき》』や安積艮斎《あさかごんさい》『読史偶論《とくしぐうろん》』などの歴史論をはじめ、島田智菴《しまだちあん》『長井記』や『御系図弁疑』（著者未詳）といった長州藩関係書や、さらには菱川大観《ひしかわたいかん》『正名緒言《せいめいしょげん》』、木原楯臣《きはらたておみ》『観古雑帖《かんこざつじょう》』といった考証学的著作など、内容が多岐にわたっている。

こうした多様な史書は、当時松陰が『日本外史』を考証するための資料として、一八五七年三月ごろより集めたものであり、『外史彙材』などの著述に用いられた。このころの彼には、日本歴史を真摯《しんし》に追究しようとする態度をみることができる。そこでは、たんに「志気を激発する」ために「賢豪の事実」を追い求めようとするかつての血気盛んな姿は、後景にしりぞいている。

「君子の楽しみ」

中国史書の名がほとんど見られなくなる一八五七年ごろの『読書記』に、これに代わって現れてくるようになるものの一つが教育書である。このころは、松下村塾への来塾者が増加し、また、松陰が、実家の妹たちをはじめとする女子教育に対しての関心を見せるようになった時期でもある。

前年末に脱稿した『武教全書講録』において、松陰は、「貝原氏の書、或は心学者流の書等を以て教とするあり。是れ尤も正しく尤も善し」（「子孫教戒」）と記し、貝原益軒《かいばらえきけん》や石門心学の有効性を指摘している。もとより彼は、心学は「節烈果断の訓《おしえ》に乏し」いので、烈女伝などを合わせ読むことで「貞操峻節を厲《はげ》ます」べきであると付け加えることを忘れてはいなかった。

孟子は「君子に三楽あり」と言う（「尽心上二〇」）。「三楽」とは、すなわち兄弟に事故のないこと、天と人に恥じるところがないこと、そして天下の英才を教育することである。この箇所を講じた松陰は、「英才を得て是れを教育」することを「是れ余が志なり。君子の楽しみなり」（『講孟余話』一八五六年）と述べている。みずからのためではなく、松下村塾を訪れる若者や妹たちのために心学書をはじめとする諸書を読み進めていた彼は、まさに「君子の楽しみ」を手にしていたといえよう。こうしたところにも彼における、読む主体から読ませる主体への転換をみることができよう。

水戸学から国学へ

水戸学の影響

『読書記』の読了冊数の推移を見ていくと、教育書のように突然その冊数を増加させている項目があることに気付かされる。それが、一八五六（安政三）年後半から姿を見せるようになる国学・国語学書である。そして、これと入れ替わりになるように、水戸学書の姿が急激に消えていく。ここには、松陰における思想上の転回が隠されている。

会沢正志斎をはじめとする水戸学者との交流によって、松陰が日本という自己像を獲得したことはすでにみたところである。しかし、彼がいつまで水戸学の影響下にあったかについては議論がある。

たとえば尾藤正英氏は、「その晩年まで水戸学から離れたことはなく、そこに明瞭な対立関係があったとは考え難い」（「後期水戸学の特質」一九七三年）と述べ、松陰が最期まで水戸学派ないしはその影響下にあったと指摘する。これに対し、小池喜明氏は「事態を具体的な海防策に限定するならば、松陰の会沢離れは明白」（「開国の論理と心理」一九八三年、傍点原文）と、一八五四（安政元）年ごろには、その影響から離れるようになったと主張している。

『新論』評価の変化

小池氏が指摘するように、たしかにこの時期の松陰は、次第に『新論』の実践的価値を疑うようになっていた。それは、米露両艦隊の来航という危機に直面し、既存の海防論がほとんど役に立たなかった現実が、彼に反省をうながしたのであろう。投獄直後の彼は、兄に対して次のように書き送っている。

会沢の塩谷《しおのや》〔宕陰《とういん》〕のと云うて『新論』の『籌海《ちゅうかい》私議』のと云ふは高名なる著述なれども、其の当今下手《げしゅ》守備の策は、艦と砲のみ。「さあ大船官許ありたり」と云ふ時、此の二人へ就いて「軍艦は如何《どう》して作るものか」と問うても、其の作り方は知らず。其の後、塩谷の上書を見るに矢張り蘭人へ購求する策なり。「艦を造るは艦を購《あがな》ふに如かず、礮《ほう》を造るは礮を購ふに如かず」の二語、清人魏源、『聖武記』中にて之れを

図16　1854年12月24日付杉梅太郎宛吉田松陰書簡（萩博物館蔵）

言ふ。是れは深く外国の事情を知りての申分なり。今人の購求の策は皆魏源が口真似なり、故に之れを虚名空論と申して恥ぢもすれば嫌ひもする。

（「兄杉梅太郎宛」一八五四年一二月二四日付）

ここで松陰が批判の矛先を向けている『新論』や『籌海私議』は、前年の八月に、僭越の謗《そし》りを覚悟で上書した「将及《しょうきゅう》私言《しげん》」において、彼自身が高く評価した著作であったはずである。しかし、軍艦や大砲を作る技術を語ることのないこれらの書は、大船建造が解禁された今日においては、もはや役には立たないのだと彼は断ずる。

とは言え、この兄宛書簡をしたためた翌日に松陰は、実父の杉百合之助に宛てて、「新論も御会読せられたる由、一段の御事に存じ奉り候」（一八五四年一二月二五日付）と書き送っている。舌の根（筆の根？）も乾かぬうちに、彼は、『新論』を「会読」する価値のある書として評価しているのである。さらに、半月ほどのちの兄宛書簡においても、「新論追付《おつつけ》、何卒一見仕り度く候」（既出）と、獄中から『新論』を求めている。

その後も水戸に留学しようとする赤川淡水《あかがわおうみ》に、「常陸の学は天下の推す所」と、水戸学への欽慕を隠すことはなかった。このように考えると、『新論』に対する「虚名空論」という評価は、水戸学そのものとの決別というよりは、時局における海防論としてのアクチュアリティーを疑問視したことばであったと言えよう。松陰が『新論』さらには水戸学そのものから離れていくには、いましばらく時間が必要であった。

送られなかった手紙

松陰が出獄した翌月にあたる一八五六（安政三）年正月条の『読書記』には、「新論、人の為めに校讎《こうしゅう》す　了」と記されている。いまだ『新論』が公刊されていないこの時期、その所持には、写本という手段をとらざるを得なかった。「人の為め」に校合を引き受け、その流布を願うほど、彼の『新論』に対する評価は高かったとも言える。

蟄居中の松陰はなおも『新論』を読み込み続け、当時水戸留学中で、会沢に師事していた赤川へ宛てた次のような書簡をしたためている。

僕、正志先生の『新論』に、「天祖の神器を伝へたまふや、特に宝鏡を執《と》り、祝《ことほ》ぎて曰く、此れを視《み》まさんこと猶《な》ほ吾れを視るがごとくせよ」〔神代紀下第九段一書第二〕に至り、以て「聖子神孫、宝鏡を仰いで、影を其の中に見たまふとき、見たまふ所は、即ち天祖の遺体にして、視たまふこと猶ほ天祖を視たまふがごとし」と為せるを読み、粛然悚然《しゅくぜんしょうぜん》として、夙《つと》に其の義の精なるに服す。而して間《まま》先輩の所論を参するに、能《よ》く是れに及ぶ者少なし。

（「赤川淡水に与ふる書」一八五六年八月一三日付）

ここで問題になっているのは、『日本書紀』での天孫降臨の下りにおいて、アマテラスがオシホミミに八咫鏡《やたのかがみ》を与えた際に、「これを見るときは、私（アマテラス）であるかのように見よ」と告げたことへの解釈である。

会沢は、「聖子神孫（天皇）が宝鏡の中をのぞくとき、神孫は自分自身を見る。神孫は天祖（アマテラス）の後裔であるから、そこには、天祖から遺し与えられた姿が映っている。その姿をアマテラスのように思い、みずからを慎むべきである」と読み解く。これは、

「身なる者は、父母の遺せる体なり」（『礼記』「祭義」）のような、儒学経典に基づいた解釈であり、会沢は、宝鏡のなかに「孝」の徳を見出しているのである。

『日本書紀』の内容を儒学の教説などに基づいて解釈することは、中世日本紀以来の伝統であり、たとえば鏡・玉・剣の三種の神器は儒学的な徳目としての智・仁・勇に対応するものであるなどと主張された。ここで会沢は、宝鏡の授受を記した一書を取り上げ、鏡を「孝」と結びつけて解釈することで、儒学伝来以前の日本においても、日本には「天人の大道」（「国体篇」上）が存在していたことを論証しようとする。それは、外来の教説としての儒学と自民族中心主義とを両立させようとする水戸学的なレトリックでもあった。

「疑団」のゆくえ

こうした会沢の神儒一致的態度に基づく宝鏡解釈を、松陰は、「能く是れに及ぶ者少なし」と高く評価した。そして彼は、会沢への憧憬《しょうけい》を隠すことなく、さらに続けて次のように、赤川に対して、みずからの疑問に関する照会を求めたのである。

僕又疑ふ、新論特祝の勅は、以て皇孫に命じたまふと為す、三宅《みやけ》〔観瀾《かんらん》〕・栗山《くりやま》〔潜鋒《せんぼう》〕・頼《らい》〔山陽《さんよう》〕諸子、亦並《みな》異詞なし、是れ必ず確拠あらんと。而して僕、神代巻を観るに、此の勅は則ち一書に天祖、宝鏡を皇子天忍穂耳尊《あめのおしほみみのみこと》に授けたまふ時の祝ぐ所にして、三器を皇孫に賜ひ、宝祚無窮を勅したまふと、出づる所を同じうせず。是れ亦僕の疑ふ所なり。是れ皆、義理事体、係る所細からず。僕素より寡陋《かろう》〔学識が狭いこと〕、特に古典に暗く、徒《いたず》らにこれを疑団に附す。

（前掲「赤川淡水に与ふる書」一八五六年八月一三日付）

「新論特祝の勅」、すなわち「鏡の中に自分を見よ」というアマテラスの神勅は、その皇子オシホミミに与えられたものと記されているにもかかわらず、多くの先人は、皇孫のニニギに与えたと解釈しているのはどうしたことなのだろうか。ニニギに三種の神器と「天壌無窮の神勅」を与えたのは、別の「一書」（第一）に記されているので、齟齬が生じている。このことは、皇統の根幹に関わる重大な問題であり、私の疑問はふくれあがるばかりだ――と松陰は言う。

こうした『新論』に対する疑問を、松陰は「疑団」ということばに託して、「近ごろ先生〔会沢〕に従ひ、皇道を覃思《たんし》〔深く思うこと〕」している水戸の赤川に送ろうとした。しかし、結局この書簡は送られることはなかった。

「コペルニクス的転回」

その理由の一端は、この書簡の三ヵ月後に、おなじく水戸の赤川に宛てた書簡にうかがうことができる。これは、赤川から送られた「館中同学に与ふる書」（館中とは長州藩校明倫館のこと）に対する松陰の批評であり、そこには、水戸に留学する赤川への強い批判的態度を見ることができる。

天朝を憂へ、因《よ》つて遂に夷狄《いてき》を憤る者あり、夷狄を憤り因つて遂に天朝を憂ふる者あり。余幼にして家学を奉じ、兵法を講じ、夷狄は国患にして憤らざるべからざるを知れり。爾後《じご》遍《あまね》く夷狄の横《おう》なる所以を考へ、国家の衰へし所以を知り、遂に天朝の深憂、一朝一夕の故に非ざるを知れり。然れども其の孰《いず》れか本、孰れか末なるは、未だ自ら信ずる能はざりき。向《さき》に八月の間、一友に啓発せられて、矍然《かくぜん》〔驚きあわてるさま〕として始めて悟れり。従前天朝を憂へしは、並《みな》夷狄に憤をなして見を起せり。本末既に錯《あやま》れり、真に天朝を憂ふるに非ざりしなり。今貴文〔赤川の文章〕先づ宇内〔日本をとりまく世界〕の状形を掲ぐ、其の意、吾が八月の前と大異なきなり。

（「又読む七則」一八五六〈安政三〉年一一月二三日付）

今日の尊攘志士には、王室への敬慕に基づく尊王論から攘夷論へ入っていったものがあり、他方で夷狄の脅威に対応する攘夷論から尊王論へと移っていったものもある。これまで自分は、尊王と攘夷とが、いずれが主で、いずれが従であるかが分からなかったが、八月にある友人に諭されて、尊王こそが本質なのだと気づかされたのであり、これまでの自分は、まったく間違っていたのだ——と松陰はみずからを顧みてこう結論する。そして、同時に彼は、水戸にいる赤川もまた、かつての自分と同じ陥穽に落ちていると指摘したのである。

こうした強い自己批判によってもたらされたものこそが、松陰における「コペルニクス的転回」（源了円『徳川思想小史』）と呼ばれる尊王論の純化である。それは、対外的危機を声高に叫びつつ尊王敬幕を掲げる水戸学からの乖離《かいり》であり、同時に、日本神話をありのままに信じ、日本のことばで「日本」という自己像を語ろうとする国学への接近であった。

一友の啓発

この松陰に思想上の転回をもたらした「一友」の「啓発」とは、安芸《あき》の一向勤王僧である宇都宮黙霖《うつのみやもくりん》（一八二四〈文政七〉～九七〈明治三〇〉）との書簡論争のことである。

黙霖は、安芸国長浜に生まれた浄土真宗本願寺派の僧であり、聾者《ろうしゃ》にして漢文筆談を以て言語に代えたと言われ、また、みずからの尊王論を説くため全国を遊歴しており、その旅路の途中で萩にも立ち寄っている。一八五五年に、彼が訪萩した際、獄中の松陰と文通

図17　宇都宮黙霖

したのが、二人のはじめての出会いであった。

　この出会いののち、松陰は、「方外〔出世間〕に奇人を輩出し、方内〔俗世間〕には則ち索然〔空虚〕として聞《きこ》ゆるものなし」（「矢之介に復する書」一八五五年九月一三日付）と、黙霖の人物を高く評価している。このときは、好《よし》みを交わし、志を同じくすることを確認するにとどまった。しかし、翌年、出獄して在所蟄居にあった松陰は、黙霖との間に激しい書簡論争を展開することとなる。そして、その主たる論点は、あるべき尊王論の姿についてであった。

　黙霖の尊王論の特徴は、水戸学に対するきわめて強い批判的態度である（知切光歳『宇都宮黙霖』日本電報通信社出版部、一九四二年）。こうした態度は、論争中の書簡における次のような水戸学派への酷評からもみることができる。

　水府などは代々天家のことをは知たる人なり。それですら将軍一人の賢不肖を見定めて諫言《かんげん》し、王室を貴《とうとん》ぜしめたることとなすことなし。これ天下皆知るところなり。数代の将軍の中には一人や二人や三人の賢人なきことなし。それを見立て、諫することもならぬ男にして帋上《しじょう》〔紙上〕に空論して王室を貴むと云たとて天地神明豈《あ》に之を信ぜんや。しかれども一向《ひたすら》に菽麦《しゅくばく》を不分《わかたず》〔物の区別ができないこと〕して、覇者〔将軍〕のこと斗《ばかり》ありがたがる者よりは、水戸の人は勝れり。

（黙霖「松陰宛書簡」一八五六〈安政三〉年八月二四日付）

確かに水戸学は、尊王を論じてはいる。しかしだからといって、将軍に尊王の実践を諫言したことはない。結局、彼らは紙上の空論に留まっているのだ――と、黙霖は水戸学における尊王論が抱える欺瞞《ぎまん》性を強く指弾するのである。

このような態度を表明している黙霖に、松陰は最終的に「降参」（「黙霖と往復」一八五六年八月一九日以後）する。黙霖に「啓発」された松陰がたどり着いた先は、水戸学的尊王論とは異なる、それまでの彼がほとんど関心を抱いたことのない国学という新たな思想的地平であった。それは、国学者や神道家たちと広い交友関係を有していた黙霖によって誘《いざな》われたものであり、こうした思想上の「転回」を、以下、『読書記』から読み取っていこう。

尊王論の変容

尊王論書

まずは、『読書記』に記載されている尊王論関係の書籍を「水戸学および漢学尊王論」（以下、水戸学・漢学系著作）と「国学・国語学および神道」（以下、国学・神道系著作）に区分しておこう。この区分に基づき作成した表が左に掲げたものである。

表5は、『読書記』を基本的に半年ごとに全体を区切り、七期に分けている。ただし、第一期は松陰が投獄されたのが、前述の通り一八五四（安政元）年の一〇月下旬なので、実際の期間は二ヵ月強であり、また第七期は松陰の読了書籍を確認できるのが一八五七（安政四）年一〇月までなので、五ヵ月間となっている。

表5　水戸学・漢学系および国学・神道系著作の推移

	水戸学	漢学 尊王論	国学・ 国語学	神道	合計
第1期 1854・10-12	2	0	0	0	2
第2期 1855・正-6	2	2	0	0	4
第3期 1855・7-12	7	3	0	0	10
第4期 1856・正-6	6	0	0	0	6
第5期 1856・7-12	3	2	21	5	31
第6期 1857・正-閏5	1	2	18	0	21
第7期 1857・6-10	0	0	13	2	15
	21	9	52	7	89

各系の合計としては、水戸学・漢学系著作が三〇冊、国学・神道系著作が約二倍の五九冊となる。これらが読了冊数全体（一四六〇冊）に占める割合は、それぞれ、水戸学・漢学系二・〇五％、国学・神道系四・〇四％であり、この事実だけからは、これらの著作が大きな影響を果たしていたとは必ずしも言えないという指摘もできよう。しかしそれは、『読書記』のもつ可能性をやや見誤っている。

『読書記』は足かけ四年にわたる松陰の知的営為の過程を示すものであり、これらのたんなる総和である全体に対する割合だけから結論することは適切ではない。それと同様に、国学・神道系著作の総和のみから、松陰が国学から影響を受けていたとするのも拙速だと言わなければならない。以下、読書傾向の変遷に着目することで、その影響関係を明らかにしていこう。

前掲の表5に基づいて作成したものが次のグラフであり、ここでは、各系の合計を一〇〇％にとって、その割合を示している（図18）。

尊王論著作の推移

第四期以前と第五期以後を比較すると、その内容が一変していることは歴然であろう。すなわち、それまで全く読まれていなかった国学・神道系著作が激増し、それに反比例するように水戸学・漢学系著作が激減している。

そしてこの第五期（一八五六〈安政三〉年七月〜一二月）こそ、「転回」をもたらした黙霖との書簡論争のあった時期（同年八月下旬）なのである。それでは具体的にど

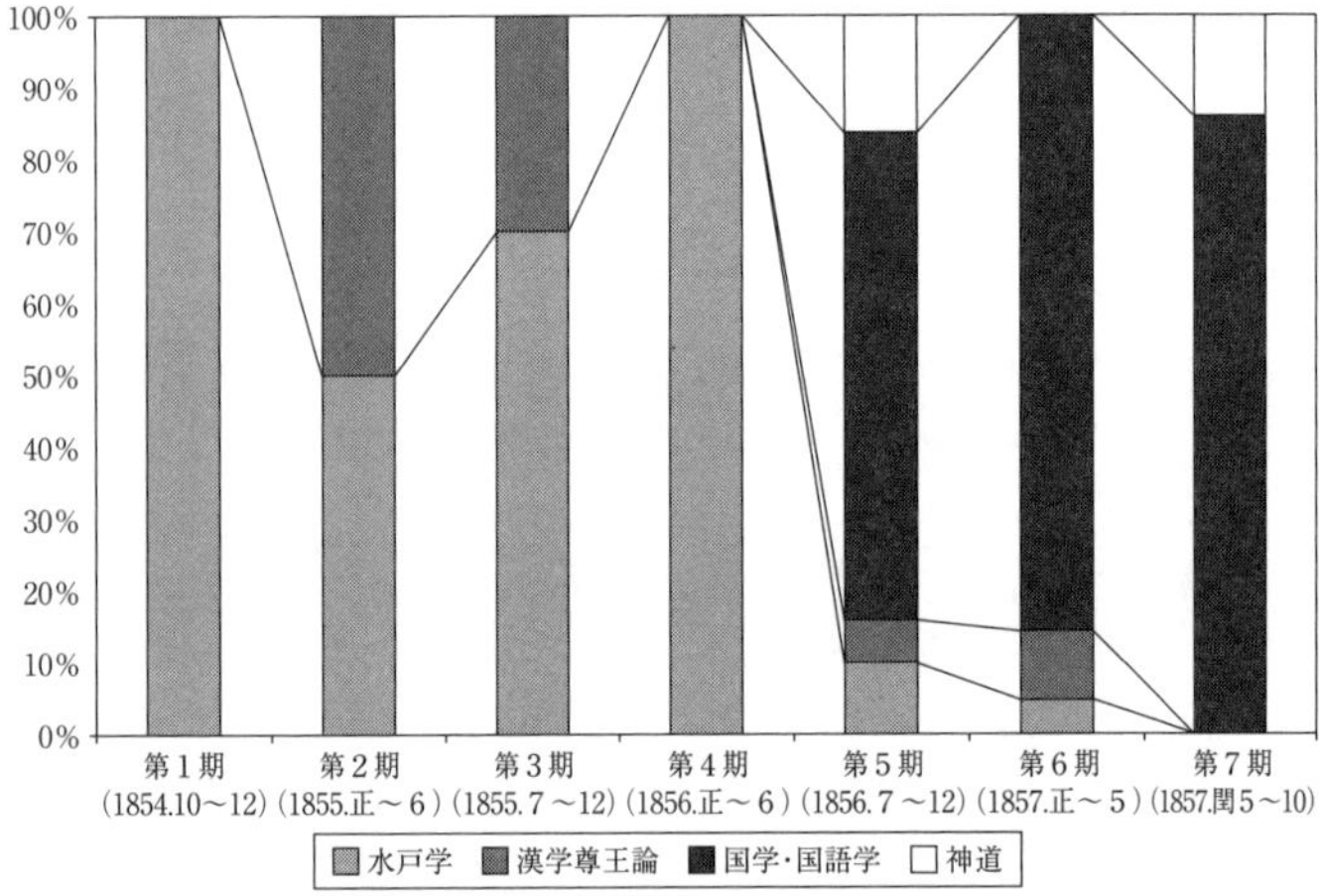

図18　水戸学・漢学系および国学・神道系著作の推移

のような著作が読まれたのであろうか。

『読書記』の記載

表6は、尊王論書の読了記載を、『読書記』からピックアップしたものである。「了」と付されていない場合でも、「○」などによって読了が記されており、ここではそれらを集計している。

これを見ると、「転回」以前に読まれた国学・神道系著作は、『伊勢浜荻《いせのはまおぎ》』と『日本書紀』（神代巻）だけであり、「転回」後の増加は著しい。一方、「転回」後の水戸学・漢学系著作のうち、『柳子新論《りゅうししんろん》』は、松陰を「啓発」した黙霖が貸与したものであり、また『中朝事実』は、このころから始まった松陰における学祖・山鹿素行《やまがそこう》への回帰と軌を一にしたものであって、これらの著作の性格は、「転回」以前に読まれた漢学尊王論とは位相を異にしていると言ってよい。

このように見たとき、この「転回」をはさんだ「変化」は明らかであろう。すなわち、それは松陰の関心が水戸学・漢学系著作から国学・神道系著作に移行しているという事実である。

日本語への関心

それでは松陰は、国学・神道系著作をいかなるものとして読み、そこから何を吸収していたのであろうか。

国学・神道系著作一覧

本　文	作者	区分	冊数	年月
○一、伊勢浜荻一冊　八日了	秋本安民	国学･国語学	1	1856・7
一、古今妖魅考三冊　内二冊了	平田篤胤	国学･国語学	2	1856・9
○一、古今妖魅考一冊　二日了	平田篤胤	国学･国語学	1	1856・10
○一、道之一言　一小冊　了	六人部是香	国学･国語学	1	1856・10
一、古事記伝九冊　十二日より	本居宣長	国学･国語学	9	1856・11
一、古事記伝　十より十五まで六冊　朔日より	本居宣長	国学･国語学	6	1856・12
一、国号考一冊　二十九日了	本居宣長	国学･国語学	1	1856・12
一、古事記伝十六十七	本居宣長	国学･国語学	2	1857・1
一、敏鎌一冊　中島広足	中島広足	国学･国語学	1	1857・1
一、直養漫筆四冊　八日了	西田直養	国学･国語学	4	1857・3
一、後言三冊並評一冊了	小説家大人	国学･国語学	4	1857・3
一、嚶々筆語二冊初篇　了　二篇　未	野之口隆正	国学･国語学	1	1857・4
○一、玉だすき一冊　了	平田篤胤	国学･国語学	1	1857・4
○一、補史備考一冊　了	西田直養	国学･国語学	1	1857・4
、一、嚶々筆語二篇一冊　朔了	野之口隆正	国学･国語学	1	1857・5
、一、アメツチヒ哥幷解　寥々敷葉のみ　了	野之口隆正	国学･国語学	1	1857・5
一、仮字本末四冊　内二冊了	伴信友	国学･国語学	2	1857･閏5
、一、仮字本末二冊　六日了	伴信友	国学･国語学	2	1857・6
、一、神字日文伝一冊　十三日より十六日了	平田篤胤	国学･国語学	1	1857・6
、一、和字大観鈔二冊　十七日了	釈文雄	国学･国語学	2	1857・6
一、玉鉾百首解二冊　二十一日より　二十七日まで	本居大平	国学･国語学	2	1857・6
、一、義士流芳一冊　了	伴信友	国学･国語学	1	1857・7
、一、出定笑語四冊　了	平田篤胤	国学･国語学	4	1857・7
、一、国意考一冊　了	加茂真淵	国学･国語学	1	1857・8
小　計			52	
○一、神代巻二冊　十五日了	舎人親王	神道	2	1856・8
○一、古語拾遺一冊　大同三年徒五位下斎部宿禰広成撰　十八日了	斎部広成	神道	1	1856・9
○一、松崎天神鎮座考上下二冊　十五日了	弘正方	神道	2	1856・10
一、大扶桑国考上下　了	平田篤胤	神道	2	1857・6
小　計			7	
合　計			59	

表6　水戸学・漢学系著作一覧

水戸学・漢学系著作				
本　文	作者	区分	冊数	年月
一、草偃和言一冊畢る　十二月三日	会沢正志斎	水戸学	1	1854・12
一、迪彝編〔迪彝篇〕一冊　畢る　同日	会沢正志斎	水戸学	1	1854・12
一、水府公福山侯に与へて海防を論ずる書付一　二十三日　二遍看了	徳川斉昭	水戸学	2	1855・3
一、常陸帯四冊　十一日　了　内二冊再読	藤田東湖	水戸学	4	1855・9
○一、常陸帯二札　校合　五日より九日了	藤田東湖	水戸学	2	1855・10
○一、弘道館記述義一冊　二十八日了	藤田東湖	水戸学	1	1855・10
○一、新論、人の為めに校離す　了	会沢正志斎	水戸学	1	1856・1
○一、下学邇言巻一　一冊校合了十三日了	会沢正志斎	水戸学	1	1856・3
○一、弘道館記述義一冊校合　二十五日了	藤田東湖	水戸学	1	1856・3
○一、豈好弁一冊　八日了	会沢正志斎	水戸学	1	1856・4
○一、下学邇言三　一冊　家兄と校讎す　八日より　十二日了	会沢正志斎	水戸学	1	1856・6
○一、下学邇言二　一冊　十六日より　晦了	会沢正志斎	水戸学	1	1856・6
○一、下学邇言一冊　家兄と対読す　十六日了	会沢正志斎	水戸学	1	1856・7
○一、幽谷上書一冊　朔日	藤田幽谷	水戸学	1	1856・10
○一、弘道館記述義一冊　家厳と校合　十九日	藤田東湖	水戸学	1	1856・10
、一、藤田東湖詩一冊　了	藤田東湖	水戸学	1	1857・5
小　計			21	
一、靖献遺言一の四五六　講義一冊	浅見絅斎	漢学尊王論	2	1855・1
一、保建大記打聞三冊　十一日より　十三日了	谷重遠	漢学尊王論	3	1855・8
○一、柳子新論一冊〈上下〉　四日了	山県大弐	漢学尊王論	1	1856・9
○一、柳子新論一冊〈上下〉　交合七日　九日了	山県大弐	漢学尊王論	1	1856・10
一、中朝事実二冊　了	山鹿素行	漢学尊王論	2	1857・1
小　計			9	
合　計			30	

その点で興味深いことは、国学・神道系著作（五九冊）のうちの一三・五六％（八冊）がいわゆる「国語学」関係の著作によって占められている事実である。このことは、たんにこの分野に対する松陰の学的関心を表すものだけではなく、彼のうちに、みずからの言語としての日本語に対する強い関心が生まれたことを意味する。この時期の松陰は、みずからを「日本人」として語る根拠を、日本の固有性——神話・歴史そして言語——のうちに求めようとしていたのである。

こうした「国語学」関係著作に対する関心から編まれたのが『拙鈔《せっしょう》』（一八五七〈安政四〉年秋頃ヵ）であり、ここには、「五十音図」をはじめ、「いろはうた」や「あめつちうた」などについての仮名論が抄録されている。この『拙鈔』が作られた第一の理由には、仮名の手習いに際して、松陰が「いろはうた」以外の教材を求めたことがある。すなわち仏教に批判的であった彼は、「色は匂へど散りぬるを……」などと無常観を詠《うた》うような「いろはうた」の使用を避けたいという想いをもっていたのであった。

しかし松陰は、たんに教育上の目的のためだけに、『拙鈔』を著したのではない。その末尾に「皇国の大体を立」てた「祈年祭祝詞」を据えた彼は、これをたんなる仮名手習いの書としてではなく、こうした言語の習得を通して、初学者の内奥に、最終的に「日本」

という自己像が形成されることを目指したのである。このように、「転回」以後に増大した国学・神道系著作は、彼にとって、日本における固有の論理を提示してくれるものであった。

松陰における国学理解

それではさらに国学・神道系著作の内容を見ることとしよう。次の表7は、各系の著者別集計である。

ここからは、国学・神道系著作においては、その半分を、本居宣長《もとおりのりなが》（一七三〇〈享保一五〉～一八〇一〈享和元〉）と平田篤胤《ひらたあつたね》（一七七六〈安永五〉～一八四三〈天保一四〉）師弟の著作によって占められていることが分かる。だがこのことが、そのまま松陰の国学理解――とりわけ宣長に対する理解――の深さを意味するかについては疑問が残る。というのは、松陰が、女子教育について言及した際、以下のように述べているからである。

蓋し女教大略三様あり。先づ源氏物語・伊勢物語等の俗書《ぞくしょ》、淫泆《いんいつ》〔みだらなこと〕の事を以て教とする、是れ先師〔山鹿素行〕の深く嘆ずる所にて、教とするに足らず。

（『武教全書講録』「子孫教戒」一八五六年一二月一二日講）

中世以来、女訓書において、『伊勢物語』や『源氏物語』などの物語は、女子のたしなみの事例としてしばしば引かれるところであった。これらの物語は、女子の模範を描いて

表7　尊王論書の著者別集計

水戸学・漢学系

作者	冊数	百分率
藤田東湖	10	33.3%
会沢正志斎	8	26.7%
谷重遠	3	10.0%
山県大弐	2	6.7%
山鹿素行	2	6.7%
浅見絅斎	2	6.7%
徳川斉昭	2	6.7%
藤田幽谷	1	3.3%
小　計	30	100.0%

国学・神道系

作者	冊数	百分率
本居宣長	18	30.5%
平田篤胤	11	18.6%
西田直養	5	8.5%
伴信友	5	8.5%
小説家大人	4	6.8%
野之口隆正	3	5.1%
釈文雄	2	3.4%
舎人親王	2	3.4%
弘正方	2	3.4%
本居大平	2	3.4%
秋本安民	1	1.7%
斎部広成	1	1.7%
加茂真淵	1	1.7%
中島広足	1	1.7%
六人部是香	1	1.7%
小　計	59	100.0%

いるものと認識されたのであり、こうした理解が近世においても根強かったことは、大名家などで『源氏物語』が嫁入本として珍重されたことからも明らかである。しかし松陰は、「先師」である素行に賛同して、男女の色恋沙汰をつづったこれらの書が、女子教育にはふさわしくない「俗書」であると断ずる。こうした態度をみる限り、『源氏物語玉の小《お》櫛《ぐし》』（一七九六〈寛政八〉年）などにおいて、「もののあはれ」を主張した宣長の思想を、松陰が十分に受容していたと考えることは難しい。

宣長から学んだもの

とは言うものの、松陰が宣長を高く評価していたことは確かである。このことは、『拙鈔』に見える「大人《うし》〔宣長〕は、近代〔近年〉の豪傑、皇道におゐて、大功ある人」という記述からも知ることができる。

神代や上古の物語を真実として描き出す『古事記伝』などの国学・神道系著作から、松陰は、「日本」という自己像の新たな形を見出した。それは、神話を基礎とした「日本」についての語りであり、端的に言えば、アマテラスの子孫である天皇に日本の存在根拠を求める論理の誕生であった。日本が日本であるのは、天皇が存在するからなのだ――という尊王論の徹底を、松陰は宣長から学んだのである。

なお、『古事記伝』において、宣長は次のように日本の存在理由を論じている。

皇大御国《すめらおおみくに》は、掛《かけ》まくも可畏《かしこ》き神御祖天照大御神《かむみおやあまてらすおおみかみ》の、御生坐《あれませ》る大御国にして、〈万国に勝れたる所由《ゆえ》は、先《ま》づこゝにいちじるし、国といふ国に、此の大御神の大御徳《おおめぐみ》〈日光〉かゞふらぬ国なし、〉大御神、大御手に天つ璽《しるし》を捧持《さげもた》して……万千秋《よろずちあき》の長秋《ながあき》に、吾御子《あがみこ》のしろしめさむ国なりと、ことよさし賜へり……〈天津日嗣高御座《あまつひつぎたかみくら》の、天地の共動《むた》かぬことは、既《はや》くこゝに定まりつ、〉

（『古事記伝』一之巻、「直毘霊」、一七九〇〈寛政二〉年刊）

太陽は世界中に恵みをもたらす偉大な存在である。その太陽そのものであるアマテラスの誕生した日本は、それゆえに万国に優れている。そして、この尊きアマテラスが天孫降臨に際し、ニニギに賜ったという天壌無窮《てんじようむきゆう》の神勅は、皇統の永続性、さらにはその天皇を戴く日本の永遠性を保証する神聖な約束なのである——と宣長は主張し、日本が存在する究極原因を、アマテラスに祝福された天皇に見出した（宣長の神勅理解については、前田勉『近世神道と国学』〈ぺりかん社、二〇〇二年〉参照）。

絶対的真理としての神勅

『新論』において、会沢正志斎は、「東方君子国」説や「忠孝一致」といった儒学的な価値に基づいて、日本が万国に卓越した道徳的存在であることを論証した。しかし、そうした尊厳性の語りは、独断的であるにせよ、儒学という普遍的な原理に基づいている限りにおいて、必ずしも絶対的なものではなく、あくまで比較の問題でしかなかった。つまり、もし日本に優越する道徳的価値をもつ国家が立ち現れたとき、日本の卓越性は失われ、究極的にその独立は脅かされることとなる。

宣長における「日本」の語りの独自性は、「皇国」の尊厳性を、会沢のように普遍的な原理からではなく、「天皇」という日本固有の存在のうちに見出したところにある。「神聖な約束」としての「天壌無窮の神勅」によって祝福された天皇に、日本の存在理由を求めるこの論理は、「尊き天皇のものであるから日本は尊い」という同語反復《トートロジー》的な語りであったことは言うまでもない。しかし、論理的にはなんら間違いを含んでいないがゆえに、かえってこのことを信じるものにとっては絶対的な真理となるものであった。

「神勅」を真実として信じることができれば、皇統の永続性はもとより、天皇を戴く日本の独立性も担保される――それは理知的な立場からすれば、あまりにも非合理的な思考なのは確かである。事実、宣長から、こうした日本という自己像についての語りを学んだ松陰自身もまた、それが非合理的であることを認めていた。

だが松陰は同時に、中国の三皇五帝伝説やユダヤ教の創世記を例に挙げ、建国神話が「怪異」であることは万国共通なことを指摘する。そして、各国がそうした「怪異」をもってみずからの存在根拠を語っている以上、日本もまた、みずからの語りへの疑念に対しては、あえて判断停止することが「慎みの至り」なのだ――と彼は結論したのである（「講孟劄記評語の反評」一八五六〈安政三〉年冬ごろ）。

国学がもたらしたもの

かくして松陰にとって、こうした「神勅」への「信」が、その志を支えるものとなっていった。彼は、その最晩年――と言っても、数えでわずか三〇歳でしかなかったが――に次のように書き残している。

天照の神勅に「日嗣《ひつぎ》の隆えまさんこと、〔当《まさ》に〕天壌《あめつち》と窮《きわま》りなかるべし」と之れあり候所《そうろうところ》、神勅相違なければ日本は未だ亡びず、日本未だ亡びざれば正気《せいき》重ねて発生の時は必ずあるなり。只今の時勢に頓着《とんちゃく》するは神勅を疑ふの罪軽からざるなり。

皇神《すめかみ》の誓ひおきたる国なれば正しき道のいかで絶《た》ゆべき

道守る人も時には埋もれどもみちしたえねばあらはれもせめ　矩方《のりかた》

（「堀江克之助宛」一八五九〈安政六〉年一〇月一一日付）

前年の日米修好通商条約の調印や違勅調印反対派への弾圧（安政の大獄）、そしてみずからの投獄といった逆境に松陰は直面し続けた。しかしそうしたなかにあっても、彼は、皇統の永続と皇国の不滅とを約束する「神勅」が真実であると信じようとした。それは、みずからがその身を献げてきた尊攘運動の成就をも信じることでもあった。それゆえ、あの大獄の渦中において尊攘運動に足踏みする人々を、彼は、この神聖な約束を信じられぬものたちであると断じ、「神勅を疑ふの罪軽からざるなり」と口を極めて激しく批判したのである。

こうした松陰の発言からは、「神勅」に対する絶対的な「信」さらには宗教的態度をも看取することができる。「転回」以後の『読書記』上に激増する国学・神道系著作は、彼に尊王論の新たな地平を切り拓かせるものだったのである。

読書録終焉の謎

不可解な終わり方

このように『読書記』は、松陰の思想形成の軌跡を読了書籍という形で描き出してくれる。しかし不可解なことに、この『読書記』は、一八五七（安政四）年一一月を境に、忽然《こつぜん》とその歩みをやめてしまうのである。同月条の記載は以下のようになっている。

十一月

白石遺文　冷泉（雅二郎）

楊升菴《ようしょうあん》文集　提山（松本鼎《かなえ》）

政記　佐世（八十郎《やそろう》）

孫子十家注三冊〔以下白紙〕

ここには、松陰が書き入れていた読了冊数の月計はもとより、読了したことを表す書き込みも見られない。まったく未完の形で、『読書記』はその筆を置かれてしまっているのである。

前月の一〇月条には、読了の記載はされているものの、やはり、読了冊数の合計は計上されずに終わってしまっている。松陰は、月が改まってから、月間読了冊数の合算を『読書記』に書き入れていた。したがって、一〇月分が合算されていないという事実は、一一月のかなり早い時期に、彼が『読書記』を途絶させたことを意味するのである。

『読書記』の途絶が、紙幅の欠如といった物理的理由ではないことは、その影印版からも明らかである。

松陰と前原一誠

ここで、一一月条を改めて確認してみると、書名の下に名前が記されていることに気づかされる。おそらくは、これらの書籍を松陰と対読したものたちであろう。ここに見える三人の人物のうち、頼山陽《らいさんよう》の『日本政記《にほんせいき》』の箇所に付された「佐世八十郎」とは、維新後に萩の乱を起こし、斬罪に処された、のちの前原一誠《まえばらいっせい》（一八三四〈天保五〉～七六〈明治九〉）のことである。

実は、現存する『読書記』には、前原の筆で「吉田先生所賜《たまうところ》」と記されている。したがって、松陰が彼に『読書記』を与えてしまったため、その記録が途絶したと考えるのが妥当だと言えよう。この点は、安藤紀一『前原一誠年譜』（田村貞雄校注、マツノ書店、二〇〇三年。原著は一九二九年刊）にも、

吉田矩方〔松陰〕は一誠の帰るに臨みて、其の安政元年以来の読書日記を贈与し、且つ一誠の為に〔美祢《みね》〕郡堀越に居る口羽通琦〈徳祐〉に書を寄せて、一誠を指導することを委託す。

と記されていることが、こうした推測を裏付けるものとなろう。

図19　前 原 一 誠

いまだ残る謎

だが、松陰が前原に『読書記』を「賜った」理由は明らかには分からない。前原が萩を離れるに際して、松陰がものした詩文には、『読書記』に関する記述は全く見られないのである（「佐世君が郷に帰るを送る」〈一八五七（安政四）年一一月〉、「賓卿の佐世八十を送る叙に跋す」〈同月二〇日〉など）。

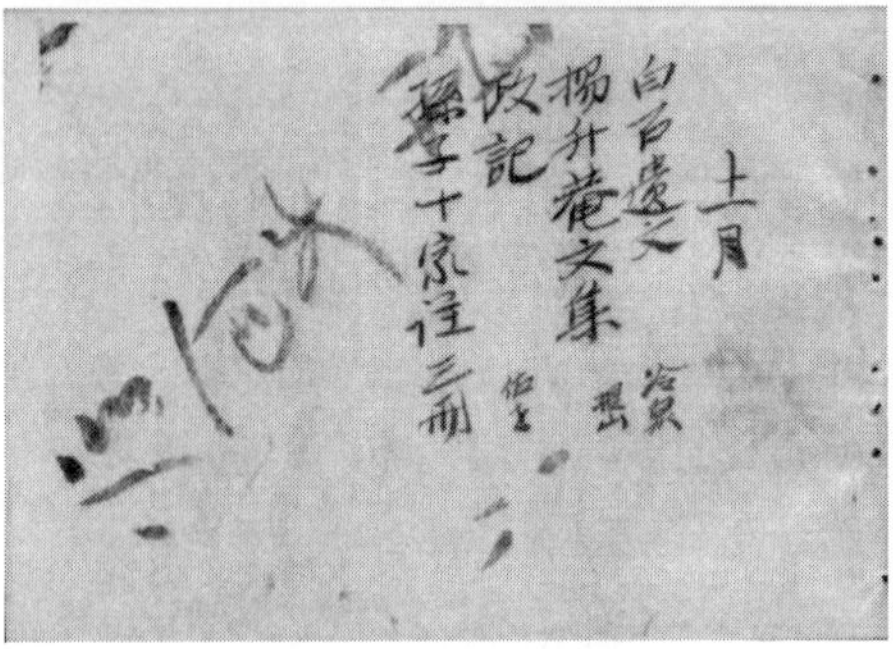

図20　野山獄読書記（断絶時の記載，国立国会図書館蔵）

十数年ぶりに郷里から学問修行のため萩城下へと出た前原に、松陰は『日本政記』（全一六巻）を課した。実家の事情で、わずか一〇日あまりで村塾を離れなければならなかった前原は、その間みずからに課せられた『政記』を読み続けている。こうした彼のひたむきな向学心に対して、松陰が与えた次のような賞賛のことばが残っている。

頃《このご》ろ佐世八十郎〔前原〕来《きた》り、留遊すること十日、与《とも》に頼氏の政記一部を読む、渠《か》〔彼〕れ反復して甚だ悦《よろこ》ぶ。之の子、志あり気あり、春秋又富む、其の才学の如きは今道《い》ふべきものあるを見ずと雖も、其の前途必ず成すあらん。

（「口羽徳祐に与ふ」一八五七年一一月）

のちに前原を「誠実人に過ぐ」（「子遠に語《つ》ぐ」一八五九〈安政六〉年正月二七日付）と評した松陰は、帰郷後も学問の志を失わぬようにと、『読書記』を与えたのであろうか。『読書記』の断絶する一一月条に、松陰が前原と『政記』を対読した記載があることは、帰郷後も学問を継続するよう促しているようにもみえる。

だが一八五四年一〇月の投獄以来、足掛け四年にわたり記録し続けて来た『読書記』を、何の総括もなく途絶することには不自然さが残る。また先に確認したように、『読書記』の途絶は、一八五七年一〇月の集計が終わらぬ一一月の早い時期であり、佐世が帰省する同月一八日とは若干のタイムラグが存在するのである。

新たな場

この一一月に、松陰をして『読書記』を途絶させたもう一つの理由には、同月五日の「久保氏の新塾」(「松浦無窮に与ふ」一八五七年一一月二四日付)の開塾があったと考えられる。この「新塾」とは、現在も萩の松陰神社に残る八畳一間の松下村塾の屋舎のことである。

そもそも松下村塾は、松陰の叔父である玉木文之進《たまきぶんのしん》の私塾からはじまり、のちに、母方の叔父の久保五郎左衛門が承け継いで運営されていた。出獄後の松陰もまたそこで後進を指導していたが、やがて来塾者の増加にあわせて、杉家宅地内にあった小屋を修補し、新塾舎としたのがこの一一月のことであった。こうして松陰は、自身を事実上の主宰者とする松下村塾という新たな場での活動を、弟子たちとともにはじめたのである。

野山獄《のやまごく》から解き放たれたとはいうものの、なお蟄居《ちっきょ》の身であった松陰は、罪人であるみずからを「世の棄物」と称しつつも、「此の道〈中道〉を負荷して天下後世に伝へんと欲するに至りては、敢《あ》へて辞せざる所」(『講孟余話《こうもうよわ》』「尽心下三八」一八五六〈安政三〉年)と宣言していた。みずからの志を「天下後世に伝へ」る「場」を得、またさらに遠地にあっても自分を慕う前原のような青年の存在が、松陰に「棄物」意識から脱却させ、出獄後もその書名を改めず営々と記録し続けてきた『野山獄読書記』を終らせるに至ったのではないだろうか。

この意味で、『読書記』の終焉は、同時に読書人としての松陰が、思想家・実践家として行動していく画期を示すものでもあった。まさに『読書記』は、松陰が野山獄とその延長上にある幽室において、羽化を待つ蛹《さなぎ》のように静かに、しかし着実に、みずからの学識を高めていた時期の貴重な記録だと言えよう。『読書記』が終わろうとしていた時期の松陰は、「吾が党」たる松下村塾を拠点として、各地の志士たちと同志的連帯を形成していく。そしてその際にも、実は書籍が重要な機能を果たしていったのである。

書籍貸借と同志的連帯

国学書との出会い——松陰と岸御園

『読書記』読了書籍の由来

一八五四（安政元）年一〇月に始まり、足かけ四年におよんだ『読書記』に計上されている全読了冊数一四六〇冊という膨大な書籍は、どのようにして、獄中や幽室にある松陰のもとへともたらされたのであろうか。もちろんそのなかには、彼の実家である杉家所蔵のものもある程度は含まれていたことは確かである。しかし、その多くは実兄の杉梅太郎や、松陰の友人たちからの借本という形でもたらされたものであった。その記録の一部は、在獄中の手控えである『書物目録』や出獄後に記された『借本録』に見ることができる。

こうした貸与者の多くは、萩城下やその近郊の友人・知人であるが、なかには、諸国遊歴を続けていた宇都宮黙霖《うつのみやもくりん》が来萩した際に貸与した山県大弐《やまがただいに》『柳子新論《りゅうししんろん》』のような事例もあり、借本を通じた松陰の交友関係の広さをうかがわせる。このほかにも松陰は、長州藩の江戸藩邸に出仕していた従兄弟で学友でもある久保清太郎を通じて、書籍の収集を依頼していたように、幽囚中にあってもひたすらに書籍を求めていたのである。

先師の文集之れあるべき事に存ぜられ候。是れ亦長原〔武〕へ御聞合せ下さるべく候。総じて先師赤穂謫後《あこうたくご》のもの、尤も得難き様に存ぜられ候。

（「久保清太郎宛」一八五六〈安政三〉年七月五日付）

先師とは、松陰が修めた山鹿《やまが》流兵学の学祖・山鹿素行《そこう》のことである。松陰は一八五六年ごろから山鹿素行へと思想的に回帰する傾向をみせており、この書籍の収集依頼は、その一環であったと考えられる。

ここで「聞合せ」を求められている長原武《ながはらたけき》とは、美濃《みの》大垣藩の陪臣であり、松陰が江戸留学の際に兵学修行をした山鹿素水《そすい》塾の同窓であった。このように松陰は、獄中・幽囚中にありながらも、広範な人脈を有しており、それは書籍の入手のためだけではなく、一方でみずからの志を共有する人々とのネットワークとしても機能したのである。本章では、こうした書籍貸借によって形成される同志的連帯についてみていくこととしよう。

蔵書家岸御園

岸御園《きしみその》（生年不詳〜一八五八〈安政五〉）は、松陰研究のみならず、長州藩における幕末維新史研究においてもほとんどその名を見ることのない、いわば無名の人である。たとえ紹介される場合であっても、歌人としての若干の活動のほかは、松陰との交際が語られるのみである。それゆえ松陰研究においても、彼が主題となることはほとんどなかった。しかし彼は、松陰の思想形成を考えるにあたり、決して無視できない存在なのである。

国学者の多くがそうであるように、蔵書家であった御園は、一八五七年以降、松陰に多数の書籍を貸与している。そのなかでも特に注目すべきなのが、近藤重蔵《こんどうじゅうぞう》の編になる外交文書集の『外蕃通書《がいばんつうしょ》』（一八一八〈文政元〉年幕府献呈）である。ここには、幕府が朝鮮・オランダをはじめとした諸外国と交わした往復文書（一五九九〈慶長四〉〜一七七九〈安永八〉）が各国別・編年順に収録され、さらに近藤による詳細な考証も付されている。外交という機密性の高い内容であるため、当然公刊されることはなく、御園も写本の形で入手したのであろう。この書を御園から借り出した松陰は、『外蕃通略』（一八五七年三月成稿）を著し、外交文書の様式を論じ、あるべき外国交際の姿を提示したのであった。

このように、御園からの書籍貸借が松陰の思想形成に資したところは極めて大きかった。

しかし、御園が無視できない存在であるのは、たんに彼が蔵書家として松陰に多くの書籍を貸与したというだけではなく、その歌人としての国学・国語学に関する造詣の深さと、彼の有していた国学者との人脈のためでもある。

御園との交際

松陰は御園との出会いを次のように記している。

弥兵次《やへいじ》と云ふ者あり、岸と称す。三田尻《みたじり》手子〔下級役人〕なり。皇朝の古学に心ある男にて、写書を勤むること実に感心に余りあり。余、未だ一面を知らざれども、毎々玄関迄来り書を借り去り、又珍籍奇書を貸し示す。余、無面識の一心交を得たるを喜ぶ。（『吉日録』一八五七年三月二四日条）

松陰と「皇朝の古学に心ある」御園との交際は、一八五七年二月ごろに始まった。当初は、蟄居《ちっきょ》中にある松陰と直接面会することはなかった御園であったが、やがて松下村塾に出入するようになっていく。御園の居所のある三田尻（現山口県防府市）は「中ノ関」と呼ばれ、赤間関《あかまがせき》（下ノ関）・室津《むろつ》（上ノ関）とともに、多くの船舶が往来する海上交通の要衝であり、また城下町萩から瀬戸内海を結ぶいわゆる萩往還の終着点でもあった。御園もまた、この萩往還を通って松陰のもとを訪れたのである。

		瀬能吉次郎	18	32.14%
		岸御園	15	26.79%
		久保氏所蔵	2	3.57%
		〔不明〕	21	37.50%
		合計	56	100.00%

国学知識の源泉

前章で確認したように、一八五六（安政三）年八月に「思想上の転回」を遂げた松陰は、これ以降、むさぼるように国学・神道系著作（以下、国学書）を読破していく。転回以前の彼にとってほとんど無縁であったこうした著作の収集には、当然のことながら困難がともなったが、この際に御園が松陰の大きな力となった。『読書記』に見える転回以後（一八五六年九月〜五七年一〇月）の国学書は五六冊に上り、そのうち御園が紹介・貸与したと確認できるものが二六・七九％（一五冊）を占めている（表8）。

松陰に国学書を貸与した冊数がもっとも多い人物は、松陰の実父杉百合《すぎゆり》之助《のすけ》の友人であり、江戸で国学を修めた瀬能吉次郎である。現存する記録からは、三二・一四％（一八冊）を計上することができる。ただし瀬能の場合は、本居宣長《もとおりのりなが》『国号考』（一冊）以外はすべて『古事記伝』であり、その内容には偏りがある。これに対し御園は、貸与した冊数ではやや劣るものの、表8にみえるように、その内容が非常に多様な点に特徴がある。

このように御園は、国学的尊王論へと急速に傾斜していく松陰にとって、

表8　国学書借用表

記　　載	作　者	貸与者	冊　数	年　月
一、古今妖魅考三冊　内二冊了	平田篤胤	〔不明〕	2	1856・9
○一、古今妖魅考一冊　二日了	平田篤胤	〔不明〕	1	1856・10
○一、道之一言　一小冊　了	六人部是香	〔不明〕	1	1856・10
一、古事記伝九冊　十二日より	本居宣長	瀬能吉次郎	9	1856・11
一、古事記伝　十より十五まで六冊　朔日より	本居宣長	瀬能吉次郎	6	1856・12
一、国号考一冊　二十九日了	本居宣長	瀬能吉次郎	1	1856・12
一、古事記伝十六十七	本居宣長	瀬能吉次郎	2	1857・正
一、敏鎌一冊　中島広足	中島広足	岸御園	1	1857・正
一、直養漫筆四冊　八日了	西田直養	岸御園	4	1857・3
一、後言三冊並評一冊了	小説家大人	〔不明〕	4	1857・3
一、嚶々筆語二冊初篇　了　二篇　未	野之口隆正他	〔不明〕	1	1857・4
○一、玉だすき一冊　了	平田篤胤	〔不明〕	1	1857・4
○一、補史備考一冊　了	西田直養	岸御園	1	1857・4
、一、嚶々筆語二篇一冊　朔了	野之口隆正	〔不明〕	1	1857・5
、一、アメツチヒ哥拌解　寥々敷葉のみ　了	野之口隆正	〔不明〕	1	1857・5
一、仮字本末四冊　内二冊了	伴信友	岸御園	2	1857・閏5
、一、仮字本末二冊　六日了	伴信友	岸御園	2	1857・6
、一、神字日文伝一冊　十三日より十六日了	平田篤胤	岸御園	1	1857・6
、一、和字大観鈔二冊　十七日了	釈文雄	久保氏所蔵	2	1857・6
一、玉鋒百首解二冊　二十一日より　二十七日まで	本居大平	〔不明〕	2	1857・6
、一、義士流芳一冊　了	伴信友	〔不明〕	1	1857・7
、一、出定笑語四冊　了	平田篤胤	岸御園	4	1857・7
、一、国意考一冊　了	加茂真淵	〔不明〕	1	1857・8
国学・国語学　小計			51	
○一、古語拾道一冊　大同三・従五位下斎部宿禰広成撰　十八日了	斎部広成	〔不明〕	1	1856・9
○一、松崎天神鎮座考上下二冊　十五日了	弘正方	〔不明〕	2	1856・10
一、大扶桑国考上下　了	平田篤胤	〔不明〕	2	1857・6
神道　小計			5	
合　計			56	

国学知識の源泉であった。

また松陰は、御園との直接的な交流によって、それまでみずからに欠けていた国学的素養、とくに国語学的な知識をも吸収している。日本語への関心を深めたこの時期の松陰が、仮名や五十音図についての議論を『拙鈔《せつしょう》』にまとめていたことは、すでに触れた通りである。これまでまったく関心を有していなかったこうした分野での営みにおいて、御園の存在は、松陰の大きな助けとなった。

御園と『拙鈔』

未定稿であった松陰の『拙鈔』を読んだ御園は、「御抄書、今朝拝見仕り候。御考の一助とも相ひ成り候義《ママ》、之れ有り候らはゞ、又々申し上ぐ可《べ》く候」（「岸御園より」一八五七〈安政四〉年閏五月一一日付）と松陰に書き送り、伴信友《ばんのぶとも》（一七七三〈安永二〉～一八四六〈弘化三〉）の『仮字本末《かなのもとすえ》』（一八五〇〈嘉永三〉年刊）や平田篤胤《ひらたあつたね》『神字日文伝《かむなひふみのつたえ》』（一八一九〈文政二〉年成稿）を紹介し、その貸与を約束している。さらにこれ以前にも彼が、松陰に貸与した仮名論書としては、のちに明治新政府における国学の理論的指導者として活躍した大国隆正《おおくにたかまさ》（当時の姓は野之口、一七九二〈寛政四〉～一八七一〈明治四〉）の著した『掌中神字箋《しょうちゅうしんじせん》』などもあったことが、その往復書簡にうかがえる。このように、御園は松陰に対して、そのもてる国学的知識や書籍を惜しむことなく与えているのである。

『掌中神字箋』

なお、この『掌中神字箋』は、『読書記』に読了の記載が見られない。これは、その書名に「掌中」とあるように、文字通り小品であったからだとも考えられる。しかし『読書記』において松陰は、「聖学一冊　僅々六葉のみ」（一八五六年四月条）のように、短編でも丁寧に計上しているので、理由はそれだけではないようでもある。

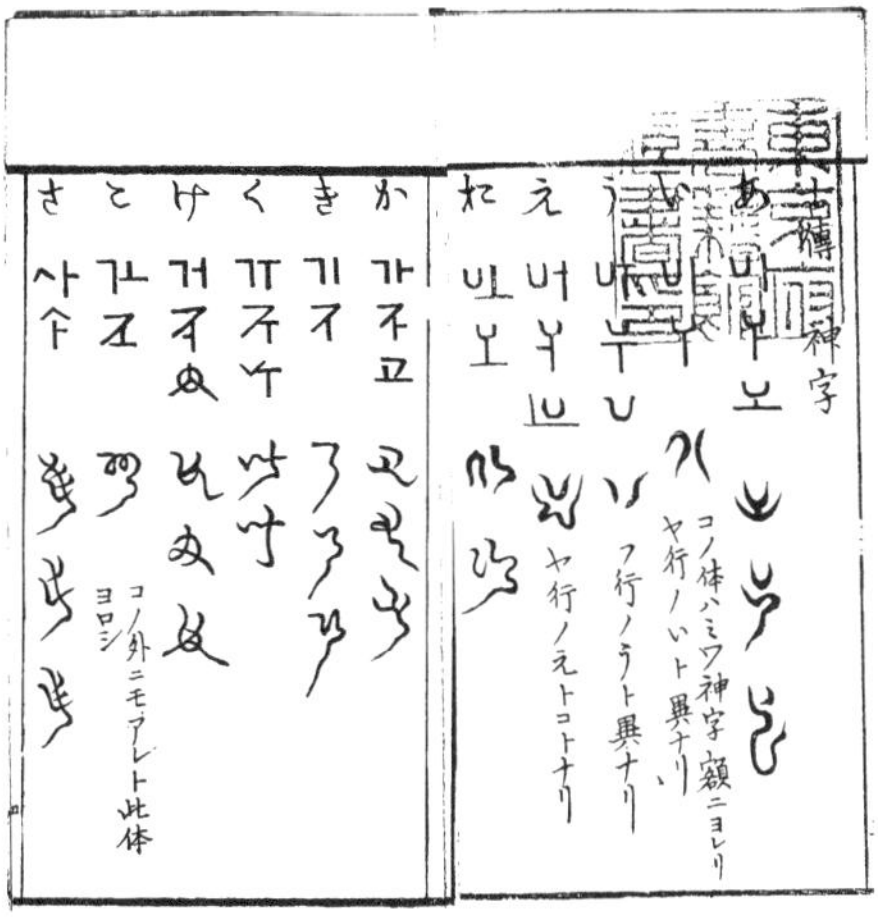

図21　『掌中神字箋』（国立国会図書館蔵）

『掌中神字箋』を御園に返却した際の書簡において、松陰は、「掌中神字箋返完候。奇説感ずべし……是れ等の書を読む事素人にて毎度困り候」（「岸御園宛カ」一八五七年閏五月上旬）と記している。ハングル様の文字を神代文字として主張する隆正の『掌中神字箋』は、たしかに「奇説」と呼ぶに値するであろうが、そこで展開されている音韻学を背景にした議論は、松陰にとって、また別の意味で理解の難しいものでもあったに違いない。

こうしたことを考えれば、松陰は、『神字箋』の内容を理解することができなかったために、これを読了したとはしなかったのではないだろうか。彼にとって、国学書の多くは難読の書であり、それゆえ御園の導きは、貴重なものであった。

拡大する交際

こうした交際は、松陰が国学書を借りるだけではなく、御園もまた水戸学書や史書・地誌などを借りるという双方向的なものであったが、たんに個人的な一対一の関係に留まるものではなかった。松陰が、長州藩の膳部職であり、国学に精通していた世良利貞《せらとしさだ》（孫槌《そんつい》、一八一六〈文化一三〉～七八〈明治一一〉）と、御園を介して連絡を取り合う一方、御園もまた、松陰を介して、彼の門人と親しく交わったのである。

現代のような自由な書籍流通が、経済的にも政治的にも許されなかった近世日本において、書籍を収集するためには、たがいに書籍を融通するようなコネクションを有していることは不可欠であった。蔵書家であった御園もまた、交通の要衝である三田尻という地の利を生かしつつ、書籍収集のために、ときに藩横断的な関係をも独自に築いていた。こうした御園の作り上げたネットワークは、幽囚中にあって、情報や同志を求める松陰にとり、外部に開かれた窓の一つとなったのである。実際に御園は、松陰に対して将来有望な若者を紹介しており、そうした人物のなかには、あの山県有朋《やまがたありとも》（一八三八〈天保九〉～一九二二〈大正一一〉）の名前も見ることができる。

文中、入江《いりえ》子遠〔九一《くいち》〕・山県有朋の二子あり。子遠は吾が友中谷正亮《なかたにしょうすけ》、数々《しばしば》其の志あるを言ふ。其の江邸〔江戸藩邸〕に役せるを以て、無逸《むいつ》〔吉田栄太郎〕をして往きて交を締せしむ。而して未だ有朋の何如なる人たるかを知らず。幸はくは遂〔遽《すみやか》ヵ〕に之れを教へよ。

（「御園に復す」一八五七〈安政四〉年九月二六日付）

ただし、このように紹介された山県有朋が、松下村塾に出入りするようになるのは、一年ほどのちのこととなる。その数ヵ月後には、松陰が、その言動の過激さゆえに再投獄されてしまうことを考えると、山県が松陰の薫陶を受けた期間は決して長くはなかった。とは言え、接触した期間と影響関係の強さは、必ずしも比例するものでもない。すなわち、このとき同じく御園から紹介され、やはり山県と前後して松陰に師事した入江子遠（一

図22　山県有朋（山口県立山口博物館蔵）

八三七〈天保八〉～六四〈元治元〉）は、実弟の野村和作（靖《やすし》、一八四二〈天保一三〉～一九〇九〈明治四二〉）とともに、ますます過激化していく獄中の師を最後まで支え続けた数少ない弟子の一人であった。

「知」から「志」へ

近世日本における出版は、世界史的にみても、高度な生産・流通体系を有していたことは確かである。しかしそれでもなお、多くの読書家たちには、借本や写本・木活字本といった形による、草の根的で地道な書籍収集が不可欠であった。そして彼らは、書籍を貸借し合い、また善本を校合するために集い、またその正しい考証や解釈を求めて会読を重ねていくことで、知識人のサロンを形成していった（岡村敬二『江戸の蔵書家たち』講談社、一九九六年）。こうした意味で、彼らにとっての書籍は、たんに文字が配列された観念的なテキストではなかった。むしろそれらを融通することによって、彼らに「知」の共有をもたらすものであったと言えよう（前田勉『江戸の読書会』）。

こうした書籍の融通や貸借による「知」の共有は、しばしば書斎の読書人による趣味的な営みと考えられることが多い。しかし、この「知」の共有は、やがて「志」の共有へとその内容を変質させていく。それは幕末という混乱した時代状況のなかで、現前する諸問題に即応したテキストは、これを共有したものたちに、その危機意識をも共有させていったからである。次節では、このような志士たちのネットワークが形成される際に、書籍の貸借が果たした役割について、北九州は小倉の西田《にしだ》直養《なおかい》との事例からみていきたい。

関門海峡を越えて——西田直養とのコネクション

小倉の国学者

西田直養《にしだなおかい》（号、筱舎《ささのや》。一七九三〈寛政五〉～一八六五〈慶応元〉）は小倉藩《こくら》において、勘定奉行や京都・大坂の留守居役などを歴任した人物である。一方で、法隆寺の釈迦如来像の背銘をはじめとする日本現存の金石文について編年体で記した『金石年表』（一八三八〈天保九〉年刊）のような考証の書を著す国学者でもあった。直養の著書としては、ほかにも随筆集である『筱舎漫筆』や、大国隆正《おおくにたかまさ》らとの共著である『嚶々筆語《おうおうひつご》』（一八四二〈天保一三〉年刊、「嚶々」とは鳥の鳴き合うように朋友が互いを励ましている様を言う）があり、これらの随筆においては、その広範な知識に裏付けられた有職故実や歴史考証についての叙述が展開している。そこでは、古代から続く日本のあるべき姿を描き出すと同時に、そうした本来性から乖離してしまった同時代への批判が投げかけられており、それは言葉遣いにまで及ぶものであった。たとえば彼は、日本語の文章表現が、漢文の影響をうけて、本来の姿を失ってしまっていると、次のように批判している。

> 漢文にては、闕字《けつじ》にすることももつぱら《（専ら）》なれど、皇国にては、和文といふものに、闕字にしたることなし。それを近世、漢風にならひ、和文体にもいは《（言）》まくもかしこ《（畏）》かれど、天皇の云々と、文字をあけたるあるはわろし。
>
> （西田直養『筱舎漫筆』巻五「古本の点」）

「闕字」とは、天皇や貴人に関わる語を記す際、敬意を表すために、そのことばの頭に一字または二字を空けることである。こうした表記法は、漢文において用いられるものであって、日本古来の和文には存在しなかった。それを漢文に倣って闕字を付すのは宜しからざることなのだ——と直養は主張する。

闕字廃止論

闕字という表記法の廃止を唱えた人物としては、福沢諭吉《ふくざわゆきち》がよく知られている。「国法」の定めるところではなく、たんなる「先例」でしかない闕字を付すことは、「習慣の奴隷」になることであると考えた彼は、断然これを廃したのであった（福沢諭吉「福沢全集緒言」一八九七年）。闕字廃止という点で、直養と諭吉は似ているが、その目指すところは全く異なっている。直養の闕字廃止論は、（彼が考える）本来の「先例」に従うことを主張するものであって、むしろ彼は進んで「習慣の奴隷」となることで、みずからの生を律することを目指したのである。

幕末の国学者というと、どうしても平田篤胤《ひらたあつたね》の学統を想起しがちである。しかし一方で、直養の属する「歌学派」と呼ばれる人たちのように、古代に存在した（であろう）本来性にみずからのあるべき姿を見出し、その姿を実践することを通してみずからを倫理化させていく国学者も、広範に存在した。彼らは、みずからの理想とする在り方――学問や生活習慣のみならず社会体制をも含む――を想い描きつつ、日々を営んでいったのであり、こうした国学的理想主義もまた、幕末維新を動かした大きな力の一つであった（歌学派国学については、渡辺浩「「道」と「雅び」――宣長学と「歌学」派国学の政治思想史的研究1～4」〈『國家學會雜誌』八七―九・一〇、一一・一二合併号、八八―三・四、五・六合併号、一九七四～七五年〉参照）。以下、松陰と直養とを、藩域を越えてつなぎ合わせた蔵書家・岸《きし》御園《みその》の活躍をみていこう。

周防《すおう》国三田尻の御園は、関門海峡を越えた豊前国《ぶぜんのくに》小倉で精力的な執筆活動を営む国学者である直養とのコネクションを開く糸口を模索していた。その試行錯誤をうかがわせる松陰宛の書簡が残っている。

小倉西田直養主《ぬし》へ書状初て差し出し置き申し候。先き頃、〔松陰が〕仰せ聞せられ候『雲陣茶話《うんじんちゃわ》』の義、有り合ひ、又た外に箱崎〔筥崎宮《はこざきぐう》〕額字のこと、又た彦山松会《まつえ》・小松抔《など》申す事、聞き合ひ置き申し候。……鈴木氏え、追々書通の義抔、頼み遣り候え《ママ》ども、埒明《らちあき》兼《か》ね、終《つ》ひに直行に書状差出し候。

（「岸御園より」一八五七〈安政四〉年六月晦日付）

「書通の路」を開く

そもそも直養とまったく伝手《つて》のなかった御園は、はじめ「鈴木氏」に仲立ちを頼んだ。しかし、上手くはいかなかったので、意を決して直養本人に書簡を送ったという。この「鈴木氏」は、三田尻にほど近い宮市《みやいち》（現防府市宮市）に住する防府天満宮神職の鈴木高鞆《たかとも》（一八一二〈文化九〉～六〇〈万延元〉）のことであろう。松陰もまた、高鞆と交わっており、御園との共有の友人であったと考えられるが、このラインでは「書通の路《みち》」（同右）を開くことはかなわなかったのである。

とは言え、直接、直養に書簡を送ったものの、やはり返信はなかなか得られなかった。

前月に書簡を送ってから、すでに一ヵ月以上経ており、彼はただ待つしかなく、松陰に次のようにその胸中を書き送っている。

尤《もっと》も彼方〔直養〕は、大坂留守居抔勤められ、大身の御方とも承り居り、緩怠《かんたい》〔怠慢〕の罪も蒙《こう》むるべきやと□〔不明〕も存ぜられ候えども、追々には了解の手段も之れ有るべしと考へ奉り、何となく書状差出し置き申し候。（同右）

小倉藩において要職に就いている直養は多忙であり、返書の遅れもやむを得ないところであろう――と御園は自分で自分を慰めつつ、きっとそのうち道が開けるであろうと期待をもち続けたのである。関門海峡を越える「書通の路」は、実に遠いものであった。

稀覯書というツール

いくら同じ国学に志をもつものであるとは言え、ただそれだけで、肝胆相照らす間柄になることは難しい。だからこそ御園は、はじめ神職という身分をもつ鈴木高鞆の仲立ちを求めたのであった。それでなくとも、京都・大坂藩邸留守居を歴任した譜代小笠原藩士との「書通」は、三田尻の下級役人でしかない御園にとって、ハードルが高かったに違いない。結局、御園は直養に直接書簡を送ったのだが、紹介者をはさむことなく「書通の路」を開くには、多忙な彼の関心を誘うことが不可欠であった。そして、その際に御園がとった手法が、松陰所蔵の稀覯書《きこうしょ》を直養に貸与するというものであった。前項の書簡に見える、『雲陣茶話』というのがそれである。『雲陣茶話』（一五六七〈永禄一〇〉年成立）は、戦国から安土桃山時代に活躍した京都の医学者である曲直瀬道三《まなせどうさん》（一渓、一五〇七〈永正四〉〜九四〈文禄三〉）の著書である。毛利《もうり》元就《もとなり》の治療のため、出雲島根の陣を訪ねた道三が現地で著したため「雲陣」と冠されている。この書は、毛利家にとっても極めて縁の深いものであり、それゆえ世に出回ることの少ないものであった。こうした由来をもつ『雲陣茶話』を松陰が所蔵していたことは、かつて彼が山鹿《やまが》流兵学師範として長州藩校明倫館《めいりんかん》に出仕していたことを考えれば、そう不思議なことではない。御園は、故実の考証に資するであろうこの貴重な書の貸し出しをもちかけることで、直養との「書通の路」を開こうとしたのである。

こうした御園の試みに対し、松陰は、「『雲陣茶話』、写させ候に付き、小倉へ贈らるべく候」（「岸御園宛」一八五七〈安政四〉年七月二八日付ヵ）と、御園のためにわざわざ写本を用意してまでいる。松陰自身も、直養とのコネクションを望み、この御園の試みに積極的に協力することを惜しまなかった。松陰はすでに『直養漫筆』（『筱舎漫筆』の一部）や『補史備考』といった直養の著作を御園から借り受け、その学識の高さに服していたからであろう。

なお、『野山獄読書記』に従えば、『直養漫筆』は、一八五七年三月に、『補史備考』は翌四月に読了している。これは、御園が松陰のもとをはじめて訪ねた時期であり、彼は直養の著作を名刺代わりに松下村塾にやってきたと言えるであろう。稀覯書は、このようにコネクションを形成するツールでもあった。

ギブ・アンド・テイク

むろん御園も、松陰から書籍を借り出すだけではなく、当時、日本歴史への考証的関心を強めていた松陰のために、故実を照会することも忘れていなかった。そこには、ギブ・アンド・テイクの互助関係が存在していた。

前掲の書簡で、御園が「聞合」わせた「箱崎額字」とは、筥崎八幡宮（現福岡市東区箱崎）に懸かる亀山上皇筆（社伝では醍醐《だいご》天皇宸筆）になる「敵国降伏」の扁額のことであろう。また、「彦山松会・小松」というのは、英彦山神宮《ひこさんじんぐう》（現福岡県田川郡添田町）の祭礼である松会や、これに関連する用語の照会であると考えられる（「小松」は、法会・祭礼の一端を担った色衆《しきしゅ》などの当役名のことであろう）。

このころ松陰がまとめていた『討賊始末』（被差別民の寡婦《かふ》・登波《とわ》が、亡夫の仇討ちを果たすまでの遍歴を記したもの）に引用されている文書に、「彦山松会時分にも罷《まか》り越し申さず、小松には定めて参るべし」という一文が見える。おそらくは、こうした箇所に関して、地元の国学者であり、祭礼行事にも精通している直養に教示を仰いだのであろう。

御園が、直養に直接文通を申し入れてから二ヵ月以上を経て、この「書通の路」にはようやく動きがみえはじめた。このころ松陰が御園に宛てた書簡に、「小倉西田主よりの復書御廻《おまわ》し下され忝《かたじけな》く拝見、敵国降伏の事、好《よ》く相分り申し候」（「岸御園宛」一八五七年七月二八日ごろ）と記されている。ついに、直養との「路《みち》」は開きはじめたのである。

稀覯書の連続弾

松陰は、この同じ書簡でも、みずから用意した『雲陣茶話』について、

「『雲陣茶話』は手元にて写させ候に付き、直様《すぐさま》此の分、小倉へ御贈り下さるべく候。尤も返さるるに及ばざる段、仰せ遣はさるべく候」と贈与することまで切り出している。そして松陰は、この申し出に続けて、次のように次々と稀覯書の貸与を申し出るのである。

『雲陣夜話』〔曲直瀬道三著〕は、山鹿素行《そこう》の『兵法神武雄備集』〔医寮門〕に収入之れあり。世間何国《いずれのくに》にも之れあるべく、且つ彼れは徒《いたず》らに処方の書なれば格角〔格別カ〕考拠の助に相成るべきものにある間敷きに付き、贈らずとも相済むべく候。尤も先方へ一応御問合せ然るべく候……吉見正頼《よしみまさより》の『朝鮮滞陣日記』などはつまらぬものには候へども、当時の書なれば万一考拠の端にも相成るべきかと存じ候。若し先方望

まれども候はば写させ贈るも亦可なり。貴着次第御問合せ然るべきか。（同右）

このように松陰は、曲直瀬道三『雲陣夜話』や吉見正頼『朝鮮滞陣日記』（『吉見元頼《もとより》朝鮮日記』のことか。吉見氏は、石見国《いわみのくに》津和野城に拠った戦国武将で毛利家の家臣）をはじめ、当時刊行されたばかりの川角《かわすみ》三郎右衛門『川角太閤記』（一八五一〈嘉永四〉年刊）など、直養の「考拠に備ふべく覚え候」書籍をいくつも提示している。とりわけ長州藩関係者でないと入手が困難であろう『朝鮮滞陣日記』に関しては、先方が望めば、写本を贈与してもよいと、直養との「書通の路」を開拓することに全面協力する姿勢を松陰は示していたのである。

写本料の相場

すでに触れたように、写真機やコピー機のない時代、書籍の複製を作るには写本や木活字本という形で、一から文字を写していくしかなかった。はたして、一冊の写本を作るには、どれほどの金額が必要だったのであろうか。こうした疑問に応えてくれるであろう記録を、松陰が残している。

その文書の名を、「庸書《ようしょ》の檄《げき》」（一八五九〈安政六〉年五月六日）と言う。「庸書」（傭書）とは写本の請負という意味である。一八五八年の末、安政の大獄もいよいよ仮借なき事態となってきた時期に、松陰は、その言動の激しさゆえに再投獄される。はじめ絶望の淵にあり、みずから死を求めることもあった彼は、やがて、今はただ生き抜くことで、将来に期待をかけようとするようになった。そうした未来への希望を抱いた彼が、世間を離れた獄中で、写本料をもってみずからの糧にあてることを宣言したのが「庸書の檄」である。ここには、写本料の具体的な規定が次のように記されている。

一、真字《まな》〔漢文〕は毎葉の鈔《しょう》〔写し〕、値、寛永通宝五孔。
一、真仮交混するものは毎葉の鈔、値、宝暦国鈔〔長州藩発行の銀札〕四厘。
右二項は葉中縦横各々二十格、字並格内に置く。
一、俗文は毎葉の鈔、値、寛永三孔。
右は葉中、縦二十行、横に格なく、字数等しからず。
一、半紙は徳地《とくじ》・山代《やましろ》諸地の製する所、毎束の値、〔国〕鈔二銭五分なるもの。
一、藍格は采料と工直〔藍色のマス目のインク代と工賃〕、併せ計《かぞ》ふ、毎束、鈔六分。

単位として用いられている「葉」とは、現代の書籍用語で言えば一丁（表裏二頁）のことである。松下村塾では、マス目を印刷した原稿用紙が用いられていた。形式は、二〇字×二〇行という、今日一般的に見られるものに近く、松陰はこの書式を用いて写本の用紙としたのである。

松陰が刑死したのち、松下村塾では、活動資金確保のために写本の請負が企画された。この際の申し合わせである「一灯銭申合」（一八六一〈文久元〉年）にも、この「庸書の檄」の規定が用いられていた。このことを考えれば、松陰による価格設定が当時の萩における標準的なものであったと推測できるであろう。

国学知識の吸収

『朝鮮滞陣日記』の写本を直養に贈るとまで申し出る一方で、松陰は直養の著作を求めることも忘れていなかった。前掲の御園宛書簡においても、松陰は次のように書き送っている。

〔直養の〕『筑紫日記』、僕甚だ垂涎《すいぜん》仕り候、何卒仰せ越さるべく候。其の外の五考も追々乞求《きつきゆう》仕り度く候。『蓬莱考《ほうらいこう》』は察する所、平田〔篤胤〕翁の『扶桑国考《ふそうこくこう》』の類かと思はれ申し候。『〔直養〕漫筆』は貴蔵四冊の後は出来申さずや、『補史備考』は一冊のみか、御尋ね越し御尤に候。此の類、余、当節の急需《きゆうじゆ》なり。

（前掲「岸御園宛」一八五七〈安政四〉年七月二八日ごろ）

ここで、松陰が「五考」と記しているのは、『蓬莱考』などの「考」をタイトルにもつ故実・考証に関する書のことを指す。おそらく御園が転送した直養の来簡に、その著作目録などが記されていたのであろう。こうした著作は、松陰にとって「垂涎」の的であり、是非とも先方に貸与を申し入れて欲しいと、彼は御園に依頼したのである。

こうした著作は、この時期の松陰が『日本外史』を考証するためにまとめていた『外史彙材』の資料となった。事実、『直養漫筆』や『補史備考』は『外史彙材』に参考文献として多く引用されている。まさに、直養の著作は「当節の急需」であった。

渡りに舟

このように松陰が直養とのコネクションを求めた背景には、彼の著作や学識を慕っただけではなく、関門海峡を挟んだ隣藩である小倉藩にも同志を得ようとする意図があったであろうことは容易に想像できる。しかしその際、ペリー艦隊密航の罪で蟄居にある松陰が、他藩しかも西国の外様大名を監視する譜代藩に仕える身分ある人物と「書通の路」を開くことは困難であったであろう。それゆえ御園がこれを仲立ちすることは、文字通り関門海峡を越す「渡りに船」であった。その後も松陰は、御園を介して直養との関係を深めていった。同年八月の御園宛書簡にも次のように記されている。

西田へ写本の事とうとう申越され候や。写本料は僕より出し候積りに候、委細御聞かせ下さるべく候。（「岸御園宛」一八五七年八月四日付）

松陰が、御園を通して働きかけていた写本贈与という話に、直養はついに関心を示しはじめる。このことを知った松陰は、写本料を自前でまかなってでも、直養とのコネクションを確立することを願ったのである。そしてこうした彼の願いは、着実にその歩を進めていった。

直養の肖像

御園を仲立ちとする書簡や書籍の貸借を通して、直養との関係を深めていった松陰は、次に、みずからの門人を直養のもとに送り込むことを計画した。彼は、馬関（下関）本陣の主人として西国名士との交際も深かった伊藤静斎《いとうせいさい》（助太夫《すけだゆう》または九三《きゅうぞう》。一八三〇〈天保元〉〜八三〈明治一六〉。下関滞留中の坂本龍馬を支援したことでも知られる）に書簡を送り、自分の弟子である松浦松洞《まつうらしょうどう》（無窮《むきゅう》、一八三七〈天保八〉〜六二〈文久二〉）のために直養宛の紹介状の用意を依頼している。

小倉西田直養〈通称正左衛門と申す〉は兼て御承知成され侯や。追々著書も伝覧、大和魂の男子と察せられ候。此の度〔松浦〕松洞罷《まか》り越し〔『有用図巻』へ載せ〕候積りなり……松洞の事、幾重も御厄害〔御厄介〕に御座候へども、亦名教〔名分教化〕の一助と思召し御周旋下さるべく候、頼み奉り候。

（「伊藤静斎宛」一八五七年九月上旬ごろ）

松陰の門人であると同時に画人でもあった松洞は、当時の偉人・義士の風貌を写した『有用図巻』と呼ばれる肖像画集を制作していた。近世後期には、こうした名士の風貌を描いた肖像画集がしばしば作られた（『肖像画の魅力―歴史を見つめた眼差し―』茨城県立歴史館、二〇一二年）。それは、この改革・変革の時代に際して、そこで活躍する「個人」への関心が高まったことと無関係ではあるまい。『有用図巻』もまた、そうした「個人」を「人物」として描き写すことを目的としたものであり、松洞は、松陰の意を受けて、その一頁に直養を飾ろうとしたのである。

結論から言えば、この松洞による小倉行は、所期の計画以上の成功を得ている。静斎の紹介状を携えた松洞は、直養に面会し、その肖像を描いただけではなく、さらに英彦山への小旅行をもともにしたことが、松陰宛の松洞書簡にみることができるのである。この書簡で、松洞は直養を次のように最大限に褒め称えている。

西翁〔直養〕は、事の外才子にて、時々悪者の為に讒言《ざんげん》に逢ひ様子に御坐候。歌道に於ては三ヶ都〔江戸・大坂・京都〕にも稀《まれ》〔な〕る様子、追々世上より承り及び候。実に豊城〔豊前小倉城〕の名臣と謂ふべし。

（「松浦松洞より」一八五七年一〇月二八日付）

この松洞の書簡は、「会々《たまたま》富永《とみなが》〔有隣《ゆうりん》〕・中谷《なかたに》〔正亮《しょうすけ》〕・久保〔清太郎〕・御園の諸友、座に在り、且つ読み且つ評し、藉々然《せきせきぜん》として足下の壮遊〔すばらしい旅〕を称せざるはなし」(「「松浦無窮に与ふ」一八五七年一一月二四日付)と、松洞に宛てた松陰の返書にもあるように、松下村塾の門人にも回覧された。そしてそこには、直養とのコネクションに緒をつけた御園の姿もあった。

このように、松陰そして松下村塾生たちは、蔵書家である岸御園の仲立ちと、書籍の貸借さらには贈与を経路として、関門海峡を越えた小倉の西田直養との親交をもつに至った。そこでは、たんなる観念的な「志」の共有だけではない、物質的な関係をも含めた「書通の路」の開通こそが、現実の人間関係を深めていったのである。

書斎の人から実践の人へ——小国剛蔵との親交

直養とのその後

こうした松陰側の積極的な書物攻勢によって形成された西田直養《にしだなおかい》との「書通の路」であったが、残念ながらこのコネクションがその後、具体的に展開した様子はみられない。しかし、一八六四（元治元）年八月に勃発した下関戦争において、対岸の小倉藩が拱手傍観策を採ったことに対して直養が強い抗議の意を表したと言われるように、彼が長州藩尊攘派への共感を抱いていたことは明らかである。

なお、このとき直養が抗議の絶食死を遂げたと『国学者伝記集成』（大川茂雄・南茂樹編、大日本図書、一九〇四年）をはじめとする人名事典などには記されている。だが彼の死去は、翌年の三月のことなので、抗議の死であるにしては時期が一致しない。とは言え、その死を攘夷戦争と結びつけるような語りが存在していたことは、彼の思想的立場をどのようなものとして周囲が認識していたのかを示すものでもあろう。

みずからが写本料を用立てることまでして構築した直養とのコネクションを、松陰はさらに育てることができなかった。その背景には、一八五七（安政四）年一一月以降の松下村塾教育の本格化や、翌年初頭より顕在化する日米修好通商条約の調印勅許問題などがあったと考えられる。こうした松陰を取り巻く環境の変化は、彼を「首を図書に埋《うず》め」る「天下の至楽」から実践の世界へと駆り立たせたことであろう。それゆえこの時期、彼はより実践的な人物とのコネクションを求めたのであり、そこで結ばれたのが長州藩須佐《すさ》の小国剛蔵《おぐにごうぞう》との関係であった。

小国剛蔵

須佐は、萩城下の北東三〇キロに位置し、長州藩永代家老の益田《ますだ》家が治める地であった（現山口県萩市）。小国剛蔵（融蔵《ゆうぞう》、一八二四〈文政七〉～六五〈慶応元〉）は、益田家の家臣であり、諸国遊学後に須佐の郷校である育英館の教授に就任し、やがて学頭となった人物である。

益田家当主の益田弾正《だんじょう》（右衛門介、一八三三〈天保四〉～六四〈元治元〉）は、松陰の兵学門下であり、彼が投獄されたのちも交際を続けた友人でもあった。また、高職者である弾正は、松陰にとって藩政府への窓口ともなったのであり、松陰は次のように書き残している。

言路一条大いに開け候。囚奴〔松陰〕の言も直に君公〔藩主〕へ達し候事体《ママ》に相成り、而も大臣国相〔益田〕より上達するとは前代未聞の事どもなり。

（「某宛」一八五八〈安政五〉年六月一九日付）

蟄居《ちっきょ》中であるはずの松陰の進言が藩主にまで達するというのは、常識的に考えれば、かなり難易度の高いことであったはずである。むろん、藩主・毛利敬親《もうりたかちか》と松陰との個人的な関係もあったにせよ、この「言路」を開いてくれた弾正は、松陰にとっては文字通り「知己の人」であった。

この弾正の治める須佐の小国とのコネクションを通して、松陰は、育英館生と松下村塾生との数次にわたる交換留学を実現する（「須佐の七生邑に帰るに贈る言」一八五八年四月二九日ほか参照）。そこには、萩と須佐に個々独立して存在していた若き志士たちの小さな連帯が結び合わされ、より広域なネットワークへと展開していく姿をみることができる。

そしてこのネットワーク構築の第一歩には、やはり書籍の貸借があった。

貸借のはじまり

現存する松陰―小国書簡のなかで、もっとも古いのものは、小国から送られた次の書簡である。

御約束の『読書余適』差し送り候間、御落手下さるべく候。外に『柳子新論《りゅうししんろん》』一冊御覧に入れ申し候。是れ迄、御一見も之れ有り候哉。世上に少き書ゆへ、試みに差し上げ申し候。……兼て御蔵書に之れ有り候はば、早速御返却遣はさるべく候。且つ又た何ぞ御蔵本の内、珍書御坐候はば、御見せ下さる間敷哉。僻郷〈田舎、須佐のこと〉は奇書に乏敷く、込《こま》り居り申し候。雑録類のものに共よろしく御坐候。

（「小国剛蔵より」一八五七年一〇月二二日付）

この書簡に先立って小国は松陰のもとを訪ねているが、面会した際の内容については記録が残っていない。しかし「御約束」といった表現を見れば、おそらく松陰は小国に、『読書余適』とともに、その所蔵する他の稀覯書を求めたのであろう。

この『読書余適』（一八四二〈天保一三〉年成稿）の著者である安井息軒《そっけん》（一七九九〈寛政一一〉～一八七六〈明治九〉）は、幕末から明治初期の儒学者であり、考証学者として知られる一方、徳川斉昭《なりあき》に『海防私議』を献ずるなど対外問題にも強い関心を有する人物であった。また森鷗外の歴史小説『安井夫人』（一九一四年）の主人公である佐代の夫としても知られている。

　江戸留学時の小国は、この息軒に師事していた。おそらくは面会の際に、松陰は彼が師の著作である『読書余適』を所蔵していることを聞いたのであろう。この書が、息軒の孫である安井《やすい》朝康《ともやす》（一八五八〈安政五〉～一九三八〈昭和一三〉）によって公刊されるのは一九〇〇（明治三三）年のことであり、当時は写本でしか入手できない稀覯書であった。松陰が『読書余適』を求める理由は十分にあったと言える。

　こうした松陰からの申し出に対して、小国は『読書余適』とともに『柳子新論』を貸し出した。しかし『柳子新論』については、もし松陰が所蔵していた場合には、「早速御返却遣はさるべく候」とやや素っ気ない一言も付している。

　「必要がなければ早く返して下さい」と言いながら何かを貸与するというのは、やや心が狭い印象を抱かせる。もちろん小国が、幕府によって処罰された山県《やまがた》大弐《だいに》の著作に政治的な危険性を感じていたことも十分考えられるが、それは松陰に対する信頼の薄さの裏返しであったとも言える。いずれにせよ、いまだ交流の浅い松陰に対して、小国はいまだ距離があったことは言えよう。こうした小国に対して、松陰はここでも書籍貸与の連続弾を放つのである。

小国が松陰に貸与したのが『読書余適』(二冊)と『柳子新論』(一冊)の計三冊である。これに対し、松陰はその倍以上の七冊もの書籍を貸与し、さらに数十冊におよぶ稀覯書の目録を小国に送っている。これは、当時萩に出ていた御園の全面的な協力の賜物でもあった。松陰は小国に宛てて、次のように書き送っている。

御園は通称弥平次、見〔現〕に防府の胥徒《しょと》〔下級役人〕たり。乃《すなわ》ち胥徒たりと雖も、其の学に耽り、書を好み、最も抄写に勤むるは、吾人《ごじん》〔われわれ〕の及ぶ所に非ざるなり。僕示すに足下の書を以てせしに、渠《か》れ欣然として蔵書数部を出し、これを足下に借さんと欲す。僕乃ち其の中に就き、『燕居偶筆』・『善菴随筆』・『敏鎌《とがま》』・『如不及斎叢書』を取り、僕蔵する所の『歳寒窓放言』・『東潜夫論』を併せて、共に六本、是れを足下に致す。……別に『東北遊日記』一本〔松陰著〕を付往す。……余に御園及び僕蔵する所、一二別録す、需《もと》めあらば報ぜられよ、急ぎ郵便に付せん。

(「小国剛蔵に与ふ」一八五七年一一月九日付)

松陰の反撃

わずか三冊の書籍貸与に対し、松陰は、それをはるかに上回る多数の書籍を貸与・紹介している。しかも彼の書簡は、堂々たる漢文で記されていたことは、小国を少なからず驚かせるものであったに違いない(小国の来簡は、通常の和文である)。

「歆二英名一者有レ年矣。曩日方獲二寛晤一、至慰無量……」（あなたの名声を久しく羨《うらや》んでおりましたが、先日、まさにお目にかかる機会を得まして、まことに心慰められたことはこの上ないことです……）ではじまる松陰の書簡には、小国に対する敬意がちりばめられていた。

そして、多くの書籍を紹介した松陰は、次のように記したのである。

凡《およ》そ典籍図書は古今に通じ宇宙に達す。況《いわん》や同時同国をや。況や有無相通ずるは、又た友義の当《まさ》に然るべきなるをや。願はくは僕が煩《はん》を憚《はばか》ることを慮《おもんぱか》るなかれ。……書頗《すこぶ》る多緒にして、猶ほ百の一なる能はず、渾《す》べて後鯉〔後日の書簡〕に付す。

（同右）

自分と御園の蔵書は何でも借しだそう。そもそも書籍は時空を越えるものであり、これを融通するのは友人同士なら当たり前。ここに示した書籍は、所蔵する書籍の一〇〇分の一にも及ばないので、日を改めて、またあなたに紹介しようではないか――松陰はこのように小国に語りかけたのである。

「神交」の文

こうした松陰の投げかける友情宣言に対して、小国も強い共感を覚えたのであろう、彼もまた漢文でしたためた次のような返書を送っている。

来復の情誼、兼ねて至る。一面の識、此《か》くの如し。蓋し神交を以て相ひ報すの文か。

将《ま》さに大義の感孚《かんぷ》〔まごころが通じ合うこと〕する所有るか。敬服敬服……御園は、未だ相ひ見るに及ばず。而して友誼の厚、人と為り知る可し。幸ひに僕の為めに意を致す。余適・新論、緩覧《かんらん》を妨げざるなり。

（「小国剛蔵より」一八五七年一二月一三日付）

ほとんど面識のない自分に対して送られた心づくしの書簡は、まさに「神交」すなわち心と心を通わせた親しき交際における文章である。「大義」〔尊王攘夷〕に対する心への共感がそうさせるのであろうか――と小国は書き送り、松陰と尊攘の志を共有していることを表明しているのである。

またこの書簡において、小国は、先に貸し出した書籍の「緩覧」を松陰に許している。「緩覧」とは、「ゆっくり読む」ということであり、その文面からは前便において「早速御返却遣はさるべく候」と記した態度はもはやうかがえない。そこには、明らかに松陰に対する共感を見て取ることができよう。このように、松陰にとって書籍貸借とは、たんなる知の共有にとどまらず、志を共有するためのツールでもあった。

松陰の作戦

そもそもこの書籍貸借は、小国とのコネクション形成を目的とした松陰の作戦であった可能性がある。いったい、通常の和文で送られた書簡に対して、格式ある文体としての漢文によって返信するのは、やや大上段に構えたというきらいが否めない。この小国宛の書簡は「小国剛蔵に与ふ」（与小国剛蔵）というタイトルで、松陰の文集である『丁巳幽室文稿』（『丁巳』は一八五七年のこと）に収められていることを考えると、松陰自身もこの文章は後世に残すに値するとみなしていたことは明らかである。書籍貸借の事務的な内容ではなく、相手の心を震わせるような文章を小国に送ることで、松陰はこの交流に賭ける自分の真剣さを示そうとしたのだと言えよう。

また、『読書余適』を、松陰がどれほど欲していたのかについても、やや疑問がある。この書の貸与を求めたことが、二人における書籍貸借関係の出発点であった。しかし、「余適は岸御園なる者に付して写蔵す」（前掲「小国剛蔵に与ふ」）と述べているように、せっかく借り出した書籍を御園に写本させるだけで、松陰自身は読んでもいない。そもそも彼は、この書を二年前に、野山獄《のやまごく》において読了していることを考えると（『野山獄読書記』一八五五年五月条）、安井息軒の東北旅行記であるこの書を、彼が改めて読む必然性は極めて乏しいと言わざるを得ない。

このように考えてみると、息軒門下の小国が所蔵している『読書余適』の貸与を求めたことは、松陰が彼とのコネクションを構築するための作戦であったと言えるであろう。また、数多い息軒の著作のなかから、あえて『読書余適』が選ばれた理由としては、これが東北を旅した際の詩文集であった点が考えられる。すなわち、松陰が自著の『東北遊日記』（一八五二〈嘉永五〉年）を小国に送るために、同じ東北旅行記の貸与を求めたのかもしれない、と言うことである。

なぜ『読書余適』だったのか

先の小国宛書簡において、松陰は「別に『東北遊日記』一本を付往す」と記して、次のように続けている。

是れ僕が行旅に草せし所、草々〔粗略なさま〕特に甚だしく、未だ攷覈《こうかく》〔検討〕を加へず。これを余適に視《くら》ぶれば啻《ただ》に鎰銖《いっしゅ》〔一朱、わずかな価値のこと〕のみならざるなり。但し安井の行は仙台に止《とど》まり、僕は乃ち津軽・南部に及ぶ、或は以て余適を補ふべし。故に妄《みだ》りに之れを致すのみ。（前掲「小国剛蔵に与ふ」）

自分の東北旅行記は、文名高き息軒に比べれば非常にお粗末なものであるが、彼が足を伸ばさなかった北東北にまで及んでいる点で、参考になるかもしれないので、思慮もなくあなたにお送りするのだ——と松陰は言う。もちろんこうした表現は、彼一流の謙譲の辞にほかならない。

その第一日目から、「巳時、桜田邸を亡命す」（一八五一年一二月一四日条）ということばで始まるこの『東北遊日記』は、けっして物見遊山な旅行記ではない。「亡命」とは、いわゆる脱藩のことであり、長州藩江戸上屋敷を脱走した松陰は、山鹿流兵学師範という社会的身分を捨てて、この東北旅行を決行したのである。

『東北遊日記』

松陰を東北遊歴へと旅立たせた最大の理由は、そこが北方のロシアや満洲に連なる地であるという海防論的な関心からであった。それゆえ、『東北遊日記』には、「夷船」（外国船）に象徴される西洋列強への危機感や、守るべき日本に対する想いをみることができる。

松陰は、熊本藩士の宮部鼎蔵《みやべていぞう》らと、期日を定めて出立の約束を結んだ。しかし過書（通行手形）の発行が遅滞するという事態に遭遇し、予定通りに出立できないことを知った彼は、友人たちとの約束を守るために、江戸藩邸から脱走し、そのまま旅立った。他藩の友人との約束のために脱藩することは、私的な関係を公的なそれに優先させる態度であり、いわゆる横議・横行と呼ばれる幕末志士の典型例のようにみえるが、松陰の真意は別なところにあった。

官、若《も》し允《ゆる》さずんば吾れ必ず亡命せん。ここに於て遅疑〔迷いためらうこと〕せば、人必ず長州人は優柔不断なりと曰《い》はん。是れ国家〔藩のこと〕を辱《はずかし》むるなり。亡命は国家に負《そむ》くが如しと雖も、而も其の罪は一身に止《とど》まる。之れを国家を辱むるに比すれば得失何如ぞや。（『東北遊日記』一八五一〈嘉永四〉年一二月一四日条）

もし約束を守らずに出立を先延ばしにしたならば、きっと世の人々は、長州人を優柔不断だと非難するだろう。脱藩の罪は自分一人の問題であるが、藩の名誉を傷つけることに比べればものの数ではない――と、松陰は弁明する。脱藩という選択肢が最善であったかということについては検討の余地があるものの、少なくとも、彼の行為が藩や主君への裏切りを意図したものではなかったことは、この書を読んだものに理解されたに違いない。送られた書簡や著書を通して、小国は、尊攘の志や藩主への忠誠心といった松陰の人となりを知り、その人格に服したのであろう。

真の「神交」へ

この後も松陰と小国との間には、竹村悔斎《たけむらかいさい》『奚所須窩遺稿《けいしょしゅかいこう》』（一八四二〈天保一三〉年序）や超然《ちょうねん》『歳寒窓放言』（続刊）などの相互貸借が行われている。しかし松陰にとって、もはやそれは主たる目的でなかった。彼は、この小国とのコネクションを、真に同志的連帯へと成熟させることを考えていたのである。

松陰は、先の「神交」書簡への返書において、前便への応答や書籍貸借などに関するやや事務的な文章の間に、この交わりが本物であるかを確かめるような一文を差し挟んでいる。

　蘭夷密報の事は二月の間に在り、墨夷《ぼくい》〔亜墨利加《アメリカ》の夷狄〕の規定は則ち六月の事たり。老兄皆当に已に悉《つく》したるべし〔知悉しているに違いない〕。但《た》だ天下の事、変革ここに至る、為めに痛哭《つうこく》すべし。而して有志の士、力を致し心を竭《つく》し、当にここに処することあるべし、徒《いたず》らに自ら悲蹙《ひしゆく》して已《や》むべからず。ここを以て付致して高意を候《うかが》ふのみ。

（「小国剛蔵に復す」一八五七〈安政四〉年一二月一七日付）

「蘭夷密報」とは、一八五七年二月に、長崎のオランダ商館長であったドンケル・クルティウス（一八一三～七九）が、長崎奉行に対して伝えた、第二次アヘン戦争（アロー戦争、一八五六～六〇）の勃発などについての文書である。さらに「墨夷の規定」とは、長崎開港や片務的領事裁判権などを規定し、のちの日米修好通商条約の前身となった下田協約（正しくは六月ではなく五月）のことを指す。なお松陰は、「蘭夷密報」を、小国に書簡を送る四日前に読了しており、これが彼にとって極めてホットな話題であったと考えられる（「蘭夷密報を読む〈安政四年二月三日、崎鎮〔長崎〕より報ぜしもの〉」一八五七年一一月一三日）。

日本を取り巻く国際環境の変化、そしてこれに対応する国内情勢の転換を前に、松陰は今こそ志有る者は行動に出るべきであり、いたずらに悲憤慷慨ばかりしているべきではないと主張し、小国にその意見を求めたのである。

共有される志

こうした松陰の問いかけに対して、小国は次のような漢詩をもってこれに応えた。

妖旗交海影婆娑　　妖旗海に交り、影婆娑《ばさ》にして、
海内英雄事漸多　　海内英雄、事漸《ようや》く多し。
一死報君吾豈後　　一死君に報ゆ、吾れ豈《あ》に後《おく》れんや、
不堪廟算混夷華　　堪えず、廟算夷華を混らすを。

不埒《ふらち》な旗〔西洋諸国旗〕が日本近海を往来し、その影が乱れ舞っており、天下の英雄はなすべきことが次第に増えてきた。一死をもって主君に報いることに、どうして自分が遅れることがあるだろうか、華夷の弁を失わせる幕府の政策には我慢がならない——小国は、このように時局に対する不満とみずからの志を詠《うた》い上げている。

そもそもこの漢詩は、松陰が「蘭夷密報」を読了した際に詠《よ》んだ漢詩の韻に和したもの

であり、そこには相手への強い共感――「神交」の確立――をみることができよう。そしてこうした志の共有は、たんに両者の個人的な関係にとどまるものではなかった。すなわちそれは、松下村塾と育英館という同様に小規模な同志集団を相互に結ぶ、より広域な尊攘志士のネットワークを構築・展開させるものともなったのである。

こうして成立した同志集団相互の広域的なネットワークは、しだいに実践的な運動体へと転化していく。さまざまな直接行動の計画が立案されるたびに、小国を中心とする育英館グループはつねに重要な役割を期待され続けた。ただし、あまりにも急進化してしまった松陰が再投獄されたために、彼の存命中には必ずしも具体的な行動に移ることはできなかった。しかし松陰刑死後、急速に時局が転回していくなかで、彼らは松下村塾生と協働して尊攘運動に関わっていくこととなる。

書籍貸借の意味

こうした同志的連帯における出発点の一つに、書籍貸借があったことは、これまでほとんど指摘されてこなかった。しかし松陰が、「典籍図書は古今に通じ宇宙に達す」るものであり、「有無相通ずる」ことは、「友義」において「当に然るべき」ものなのだと言ったように、書籍の貸借関係は、友誼をはぐくみ、さらには志を通じ合わせるものでもあった。

近世日本における書籍の貸借関係についての研究は、しばしば知識人における「知」の共有に注目してきた。しかし本章で明らかにしたように、松陰を中心とした書籍貸借関係は、同志的ネットワークを構築するツールとして機能していた。それは、「知」の共有が一つの公共圏を形作り、やがて「志」の共有へと発展していったことを示している。彼らは、書籍貸借を通して、テキストの内容を観念的に共有するだけではなく、これを物質として共有するという行為を通して、その志を同じくしていったのである。

行動時代のはじまり――エピローグ

「此の道の一欠事」

二〇一一年の一月に、一通の書簡が発見されたことが、『毎日新聞』（東京夕刊、二〇一一年一月四日）で報じられた。差出人は吉田松陰。防府天満宮の神職である鈴木高鞆《たかとも》に宛てたものである。高鞆といえば、岸御園《きしみその》が小《こ》倉《くら》の西田直養《にしだなおかい》に渡りを付けようとした際、最初に伝手《コネクション》とした人物であり、松陰と御園の共通の友人であった。

書簡には、次のように記されている。

陳《の》ぶれば惜しむべし、御園の物故〔死去〕。一人の聚書家《しゅうしょか》〔集書家〕を失ひ、亦た此の道の一欠事と存ぜられ候也。　寅二

高鞆大人《うし》

海外との扉が開かれるようになると、さまざまな文物が鎖国時代とは比べものにならないほどに大量に流入するようになった。そのなかには忌まわしいものも紛れ込んでおり、それまで日本に存在しなかったような伝染病もまたその一つであった。とりわけ一八五八（安政五）年に大流行したコレラは大惨害をもたらし、これに罹患した御園も、同年九月にこの世を去ったのである。彼の居所であった三田尻は、船舶の輻輳する港町であり、それゆえ伝染病も流行しやすかったのであろう。

松陰が「一欠事」と嘆いた「此の道」とは、一つには国学でいうところの「古道」であったろうが、同時に直養とのあいだに切り開いた書籍を媒介とする「書通の路《みち》」の途絶をも意味していた。

松陰とともに海外渡航の国禁を犯した金子重輔が、獄中で非業の死を遂げたことに対して挽歌《ばんか》を送るほどに、直養は松陰と親しい間柄となっていた。「湊川《みなとがわ》討死すべき益荒男《ますらお》と思ふに濡るる我が袂哉《たもとかな》」（金子が湊川で討死した楠木正成《くすのきまさしげ》のような大丈夫《だいじょうぶ》であったと思うにつけ、自分の袂は涙で濡れてしまうのだ）という直養の和歌は、『冤魂慰草《えんこんいそう》』という詩歌集に収められている。「冤魂」とは無実の罪に命を落とした魂という意味であり、これを慰める詩歌を草することは、とりもなおさず幕府による断罪の誤りを批判することにほかならない。それは明らかに政治的危険性をはらむものであり、そうした危険を冒すことを厭《いと》わないほどに、両者の距離は近くなっていた。しかしこうした関係もまた、御園の死去によって自然消滅してしまったのである。

コレラが御園を襲ったこの時期、松陰の身にもまったく別の脅威が迫っていた。安政の大獄である。

「勤王の魁」

将軍継嗣や条約勅許といった山積する問題において、大老井伊直弼《いいなおすけ》がみずからへの反対者を標的としたこの大弾圧は、梅田雲浜《うめだうんぴん》や頼三樹三郎《らいみきさぶろう》らの尊攘志士をはじめ、一橋派の藩士・藩主さらには幕臣・公家など大量の逮捕者を生んだことは周知の通りである。国内の政治情勢が一気に緊迫の度を増していくなかにおいて、松陰はついに幽室を捨てる決心をするに至る。それは、みずからの志を教え伝える場であった松下村塾が、志を実践する場へと転身することを意味した。

そもそも松陰が蟄居の身であるのは、鎖国の禁を犯したことへの幕府による断罪の結果であった。その罪人が幽室を離れ、直接行動に移るということは、幕府への完全な反抗を意味する。ここにおいて彼は、天下に先駆けての「義挙」の決行を宣言したのである。

私共時事憤慨黙止し難く候間、連名の人数早々上京仕り、間部《まなべ》下総守（老中・間部詮《まなべあき》勝《かつ》）・内藤豊後守（伏見奉行・内藤正縄《まさつな》）打果し、御当家（毛利家）勤王の魁仕り、天下の諸藩に後れず、江家（大江家＝毛利氏の本姓）の義名末代に輝かし候様仕り度く存じ奉り候。（「周布政之助《すふまさのすけ》宛」一八五八〈安政五〉年一一月六日付）

松下村塾において血盟を結んだ有志により、京都で老中や幕府要職の暗殺を決行する——松陰はこの計画のために、藩政府に対して「クーボール三門」（速射砲）をはじめとする武器・弾薬の貸与を願っている（「前田孫右衛門宛」一八五八年一一月六日付）。それはもはや「暗殺」などではなく「武装蜂起」とも言うべき規模の企てであった。

小国との連携

この計画において松陰は、須佐の小国剛造《おぐにごうぞう》に「智と勇と金穀」の融通とともに、「誰れか一人御遣はし然るべく候」と蜂起そのものへの参加をも呼びかけていた（「小国剛蔵宛」一八五八年一〇月末）。そこには、書籍貸借によって始まった知的な交流が、尊攘論への共鳴という思想的連帯を経て、現実の政治的協働へと到達したことをみることができよう。しかし結局のところ、松陰の企ては不発に終わり、彼はふたたび野山獄《のやまごく》に投ぜられた。

獄中にあっても松陰は、なお挽回を期して画策を続けるが、いずれも成功することなく頓挫してしまう。こうした度重なる失敗を経て、最終的に一種の諦観に達した彼は、焦ることなく、日々を着実に生きていくことを決意する（再投獄期における松陰の思想的転回については、拙稿「死而不朽《ししてくちず》―吉田松陰における死と生―」〈『季刊日本思想史』七三、二〇〇八年〉参照）。

かつて脱藩の罪で謹慎中であった松陰は、「進みて一時に将相（将軍や宰相）たる能《あた》はずんば、退きて聖賢を千古に尚友するは平日の志なり」（「山県半蔵宛」一八五二〈嘉永五〉年五月ごろ）と書き残している。再投獄を経て到達した諦観は、聖賢の書を読むことでこれを友とする精神と軌を一にするものであろう。松陰は、ふたたび「首を図書に埋《うず》め」る生活に戻ったのである。

しかし、大獄がますます激しくなっていくなかで、一八五九（安政六）年五月に、江戸送致の幕命が松陰に下ると、こうした生活に終止符が打たれることとなる。今度の「天下の至楽」は前回のように長く続くことはなかったのである。

万巻の行方

死出の旅路であったこの江戸送致に臨んで、松陰は次のような詩を残している。

幽囚六歳対灯青　　幽囚六歳、灯青に対《むか》ふ、

此際復為関左行
枋得縦停旬日食
屈平寧事独身清
邦家栄辱山如重
軀殻存亡塵様軽
万巻於今無寸用
裁嬴大義見分明

此の際、復た関左の行を為す。
枋得《ほうとく》〔謝枋得〕、縦《ほしいまま》に旬日の食を停《とど》め、
屈平《くつぺい》〔屈原《くつげん》〕、寧《いずく》んぞ独り身の清きを事とせしや。
邦家の栄辱、山の如く重く、
軀殻《くかく》〔身体〕の存亡、塵の様《ごと》く軽し。
万巻、今に於て寸用なく、
裁《わずか》に嬴《あま》す、大義見て分明なるを。

（『東行前日記』一八五九年五月一四日条）

幽囚の六年は灯下に読書を続け、今日はふたたび関東行きとなる。元の都に召されるも宋の遺臣として絶食死を遂げた謝枋得や、戦国時代に楚の将来を憂い汨羅《べきら》に身を沈めた屈原のようにみずから死を選ぶことは、自分の名誉だけを重んじるものであって私には倣《なら》うことができない。長州藩の名誉と屈辱とは山のように重く、この身体《からだ》は塵のように軽い。いまや万巻の書も用いるところはないが、大義をしっかり見分けることだけは、私もようやく会得できたのだ——と松陰は詠《うた》う。

松陰は、召喚された幕府の評定所において、自説を堂々と開陳し、幕政の問題を糾明しようと考えていた。そうした新たな闘争の場へと向かう彼にとって、もはや万巻の書は必要ではなくなっていたのである。彼は、この足かけ六年の読書を携えて、生きては帰らぬ最後の戦いへと旅立ったのであった。

あとがき

吉田松陰を研究するようになった出発点は何ですか——と問われることがある。

改めて考えてみると答えは一つではない。徳川光圀による「梅里先生碑」の拓本が床の間に飾られているような家に育ち（著者近影参照）、大学時代を水戸で過ごしていた身としては、あえて水戸学そのものではなく、その影響関係にある人間をやってみたかったというのも答えであるし、一九三〇年代の超国家主義や日本資本主義論争をやってみたいが、そのためには、まずは明治維新を押さえておくべきだろう、ということではじめてみたというのもまた一つの答えである。

しかしこれらは、あくまで松陰を一つのサンプルとして取り上げる理由であって、著者が、今日に至るまで松陰という人物と付き合うようになるだけのきっかけとしては十分ではない。では、何がきっかけなのかと言えば、本書に繰り返し出てきたあの『野山獄読書記』（以下『読書記』）を挙げておかなければなるまい。

いまから二〇年近く前、卒業論文を書こうとしていた一人の学生は、『吉田松陰全集』（大和書房版）を読み始めるにあたって、『東北遊日記』や『読書記』などの記録類が収められている第九巻から手を付けた。およそ思想家や哲学者といった「人物」を取り扱う場合、普通であれば、まずはその対象となる人物の主著――松陰であれば『講孟余話《こうもうよわ》』など――に当たるというのがスジというものである。にもかかわらず、そうしなかったのには、それなりの理由がある。それは、著者が最初に接した松陰論の影響であった。

すなわち、藤田省三《ふじたしょうぞう》（一九二七～二〇〇三）の「松陰の精神史的意味に関する一考察――或る「吉田松陰文集」の書目撰定理由――」（『精神史的考察――いくつかの断面に即して――』平凡社、一九八二年）という、およそ論文とは思えないタイトルの付された論考がそれである。ここには、岩波書店から刊行された日本思想大系（一九七〇～八二年、全六七巻）のなかの『吉田松陰』所収の著作が選定された理由が記されている。

藤田が、わざわざこうした言挙《ことあ》げをしなければならなかった理由は、彼が選定した著作の内容にある。すなわちこの『吉田松陰』には、松陰の主著と言われるようなものがほとんど見られず、その代わり書簡や旅行日記などの、松陰が時々に書き残した記録類によって占められているからである。このことは、日本思想大系を構成する他の多くの書冊の編集方針とも異なっており、また同時期に編まれた日本思想関係の叢書中で「吉田松陰」と銘打たれたものの編次とも明らかな相違を成している。

それは、「例えば「講孟余話の思想構造の分析」というような形で松陰論を展開しようとしたり、その他何によらず、いわば「作品論」的な形で松陰の「思考様式」を抽出しようとしたり」することに批判的であった藤田の強い意志の結果であったことは疑いない。彼は、「松陰には主著はなく、彼の短い生涯そのものが彼の唯一つの主著なのであった」と断じ、松陰を徹底して「状況的」存在として描き出すべきことを主張したのである。

この藤田の小文は、それまでの「佐幕—尊王」や「鎖国—開国」といったレッテル貼りや、あるいは「維新の先覚」のごときステレオタイプな松陰論を拒否した点で画期的なものであった。しかし一方で、「故《ことさ》らに不親切に書こうとした」（植手通有「徳富蘇峰『吉田松陰』解説」一九八一年）とさえ言われた抽象度の高さゆえに、二〇歳過ぎの凡庸な学生にとって、それはかなり難解なものでもあった。また藤田自身が、みずからの論考を、「松陰の苦闘の歴史から何を教わるべきかを考えようとする小さな試み」と称したように、ここではあくまで、松陰を分析するための方法論が提示されたのであって、その限りで具体的な松陰論が展開されたわけではなかったことも、この初学者を困惑させた理由であっただろう。

多少なりとも思想研究のいろはを知るようになってきた今になってみれば、「松陰には主著はない」と断じて作品論的な把握を否定し、対象となる思想家を「状況的」存在として描くべきだと主張する論文は、やはり一般的なものではないと言うことができるだろう。しかし、まだ何も知らなかったこの若い学生は、「そういうものなのか」と深くも考えず、先に触れたように、全集のなかの記録類が収められた巻から松陰研究に入ってしまったのであり、そこで出会ったのが『読書記』であった。

この『読書記』について、本書では次のようにその重要性を力説している。

読書録には、読書者におけるその時々の志向が、極めて鋭敏に反映されていると言って良い。松陰には、その瞬間に、その書を読むべき必然性があったのであり、その必然性をわれわれは『読書記』の行間に読み取ることができるであろう。（七五頁）

『読書記』さらには「読書録」一般というのは、その記録した人間における思想形成の理解に資するものなのだ――と言っているのだが、しかし所詮記録は記録でしかない。『読書記』も、一見するだけでは書籍の題目が列記されているに過ぎず、普通は「ああ、さすが読書魔の松陰だけあって、本当に多くの本を読んでいるな」と思うだけであって、その「行間」を読み取ろうというのは、よほどの好事家《マニア》か偏屈者だと言ってよい。

しかし、松陰に関する予備知識をほとんど持ち合わせていなかったこの学生は、いずれでもなかった。ただ彼のもとには、かなり無理をして入手した富士通のパソコン（まだWindows95の時代である）があったという、当時としてはやや珍しい環境が備わっていたことが、その後の彼の行動を導いたのである。

彼はこの入手したてのパソコン――DOS/VかPC98かで迷ったのが懐かしい――で、データ処理でもしてみようと無謀にも思い立つ。その際に目にとまったのが、足掛け四年にわたって読了書名が羅列されているだけの『読書記』であった。なんの予想もなく、ただたんにデータ処理をしてみたいという、明らかに手段が目的化していたこの思慮のない学生の試みは一つの発見を彼にもたらした。

すなわちそれが、松陰の尊王論書の読了冊数における水戸学から国学へという変化であった。さらにその変化が、一般的な研究書において「思想上の転回」と呼ばれる時期（一八五六〈安政三〉年八月）と重なることに気付いた彼は、みずからの発見の妥当性を確信するに至ったのである。なお、このときの発見については、当時所属していた哲学研究室の同人誌に論文として発表した。一九九七年一二月のことである。

今から見ればまことにつたない論文ではあるが、その骨子自体は、本書（第二章）にまで引き継がれている。しかしこの論文を通して学んだのは、たんに松陰論における「思想上の転回」の内実といった個別事例だけではない。むしろ、そもそも思想というものは、はじめから体系的なのではなく、ときに変化し、そして転回する常に「状況的」なものであるという事実であった。

これ以降、松陰研究のみならず、思想研究一般において、「転回」という視座が、著者にとっての一つのテーマとなった。一見すると無味乾燥な読書記録でしかない『読書記』は、しかし一人の研究者の学的態度を方向付けたのである。この意味で、『読書記』を主題の一つとする本書は、研究者としての著者の出発点を確認するものであると言えよう。そしてまた、こうした「転回」という研究上の視座は、本書の第一章でみたような『新論』という一つの書籍をめぐる受容史の探究にもつながっていった。

留学先の平戸における『新論』との接触が、松陰に「日本」という自己意識をもたらした――と多くの松陰論や評伝などでは語られている。松陰研究をはじめたばかりの著者もまたそのように理解していた。しかし同時に、平戸留学直後の松陰が書き残した文章を実際に読んでみても、そうした発言や傾向がほとんど見られないことは、彼にはどうにも不思議であった。そうしたなかで、やはり『読書記』と同じ巻に収められている『西遊日記』を丹念に読んでいくと、そもそも松陰は「見た」だけであって「読んだ」とは言っていないという非常に単純な事実に、彼は気付いたのである。

それから著者は、松陰が『新論』を「読む」に至るまでの意外なほど長い道程をたどることに力を注いだ。まっとうな研究であれば、松陰における『新論』の影響を詳述し、後期水戸学との連続と非連続を明らかにするところであろう。しかしそうしなかったのは、面白いほどに『新論』に接近しようとしない松陰の行動が、『新論』を「志士のバイブル」と呼ぶような今日の常識からはあまりに外れた、まことに興味深いものであったからである。

こうした作業からみえてきたのは、『新論』は、触れたならばたちどころに感化されるような「魔法の書」ではなく、その時々によって、海防論であったり、経世論であったりと様々な受容のされ方をしてきたという事実である。この点で、今日では『新論』のキモと見做される国体篇を華麗にスルーして抄録した村田清風の事例はまさに象徴的だと言えよう。『新論』は、その生みの親である会沢正志斎の意図を離れて受容されていったのであり、まさにプラトンの言うように、「書かれたことばは、自分自身を守ることも助けることもできない」のである。

『新論』のみならず、松陰が読破した書籍は枚挙に暇がない。松下村塾に「万巻の書を読むに非ざるよりは、寧《いずく》んぞ千秋の人たるを得ん」とみずから掲げただけのことはある。最終的に松陰は、「万巻、今に於て寸用なし」と書き残して、死出の旅路であった江戸送致の途次に就いた——と本書ではややきれいにまとめたが、実際のところ、江戸での松陰は、伝馬町の獄舎でも書を求め続けている。しかし大獄の厳戒下にあって、それは非常に困難な試みでもあった。それゆえ彼は、高弟の高杉晋作に宛てて、「孫子御持本《おもちぼん》にてもあらば借用仕りたし」と求めつつも、「併《しか》し入れ賃二朱はとるべし」（「高杉晋作宛」一八五九年〈安政六〉七月中旬）と付け加えなければならなかった。

獄中で『孫子』が読みたいというのは、いかにも兵学者にふさわしいと言えるが、これは同獄の牢名主からの求めもあったらしい。この「入れ賃」とは、中継ぎをする獄吏への謝礼——というよりは賄賂——であり、一回差入れするたびに「二朱」を支払わなければならなかったというのである。

一朱は一分の四分の一、一両の一六分の一に当たる。やや古い記録になるが、一八五一

（嘉永四）年に江戸へ留学した松陰が記録していた出納帳（『費用録』）には、「二朱は舟遊《ふなあそび》の節、酒料」といった記載や、「束脩《そくしゅう》」（入門料）として二朱の倍にあたる「一分」が支払われた記述があることを考えると、今の感覚からすれば、一万円にはならないにせよ、四桁後半あたりの金額を、獄外からの差入れや、獄中から書簡を送る度に必要としたことになる。こうした活動資金は、松陰や彼の実家からの工面というよりは、高杉のような高弟たちによる金策の賜物であり、獄中の師を不自由させないようにとの配慮でもあった。

なお、獄中から『孫子』を求めた松陰の試みは成功裏に終わり、彼は、「已《すで》にして孫子一本を得、珍翫《ちんがん》知るべきなり」（「久保清太郎・久坂玄瑞宛」一八五九年八月一三日付）と、在萩の人々に対して、書籍を得た喜びを素直に書き送っている。彼はその最期まで「読書の人」であり、彼をそうたらしめたのは、彼を取り巻く書籍の貸借ネットワークであった。

こうした書籍の貸借ネットワークが、たんなる物理的な流通に留まらず、さらには思想的な交流にまで発展していったということは、本書第三章において述べた通りである。

近世日本には、独自の出版文化が花開いたことは確かだが、その流通には政治的・経済的な制約が存在した。しかしだからこそ、政治的危険性のともなう書籍の融通――そこには相互の信頼関係が不可欠である――による「神交」すなわち同志的連帯の形成が可能だったとも言える。社会的あるいは政治的な運動は、書籍の上の観念的なテキストだけから生み出されるものではない。テキストが共有され、その思想に基づいて人々が連帯することではじめて運動という次の段階へと進めるのであり、われわれは、そうした営みを松陰の書籍貸借活動に見出すことができるだろう。

近代的活版印刷が普及して以降、書籍は大量生産・大量消費されるに至った。これにより、テキストの観念的な共有は進んだが、その一方で、たがいに融通し、ともに読むという形でのリアルな次元での共有ということからは離れてしまったようにもみえる。出版資本主義というものの功罪を考えるとき、近世日本の読書空間はまた新たな視座を与えてくれるものであるに違いない。

本書の執筆にあたっては、多くの方にお世話になった。最初にお話を戴いた吉川弘文館の堤崇志さま、そして刊行に際しての編集をご担当戴いた冨岡明子さまには、厚く御礼申し上げたい。また、山県太華『国史纂論』の版木写真の掲載許可を賜った増上寺総務部さまとその仲介の労をお取り下さった東北大学時代の先輩で浄土宗総合研究所の東海林良昌さまにも、感謝の念を表したい。実は、この『国史纂論』の版木自体についても、一本の論文が書けるであろうほどの多くの問題があるはずなのだが、紙幅の関係と、何より著者の力不足で他日を期すことになってしまったことは、慚愧に堪えない。

さらに、締め切り直前になると諸事渋滞ぎみとなり、毎度迷惑をかけている家族にも謝意というか謝罪しておきたい。なお、まことに私事にわたるが、昨年末、著者の母が身罷った。以前、新書を出したときもそうであったが、今回、本書を刊行したことを聞けば、わがことのように喜んで、近所の書店で何冊も買っては方々に配りまわったことだろうと思うと、己れの怠惰を恨まぬでもない。

今夏は新盆にあたる。謹んで母に献げたい。

二〇一六年八月一五日

著　者　識

吉田松陰略年譜

西暦	和暦	年齢	動向
一八三〇	天保　元	一	八月四日、長州藩士杉百合之助常道の次男として出生
一八三四	天保　五	五	山鹿流兵学師範であった叔父吉田大助賢良の仮養子となる
一八三五	天保　六	六	叔父の死去にともない家督を相続
一八三九	天保一〇	一〇	長州藩校明倫館にて家学を教授する
一八四〇	天保一一	一一	藩主毛利敬親に『武教全書』を講義する
一八四八	嘉永　元	一九	藩校明倫館の師範となる
一八四九	嘉永　二	二〇	外寇御手当・御内用掛に就任、藩内の海岸防備の現状を視察
一八五〇	嘉永　三	二一	長崎・平戸を遊学（『西遊日記』を記す）
一八五一	嘉永　四	二二	藩主に従い江戸に遊学。佐久間象山らに師事し、兵学・儒学の知識を深める。年末から藩に無断で東北遊歴に出立。水戸で会沢正志斎と面談（『東北遊日記』を記す）
一八五二	嘉永　五	二三	津軽・南部に至る東北遊歴を終え江戸に帰着し、脱藩の咎で萩に戻り謹慎
一八五三	嘉永　六	二四	士籍を剝奪され「長州浪人」となる。藩主から一〇年間の諸国遊学を許され、ふたたび江戸に向かう（『癸丑遊歴日録』を記す）。この時、米使節ペリーの浦賀来航に遭遇する

一八五四	安政　元	二五	ペリー艦隊再来にあたり、下田で密航を企て失敗。その罪により萩に移され、野山獄に投獄される。以後、獄中・幽囚生活を読書に費やす（『野山獄読書記』を記す）
一八五五	安政　二	二六	獄中、『孟子』を講ずる（のちの『講孟余話』）
一八五六	安政　三	二七	生家杉家の預かりとなり、在所蟄居の身となる。叔父玉木文之進が開いた私塾（松下村塾）の実質的な主宰者として塾生を指導。このころ、思想上の転換を遂げる
一八五七	安政　四	二八	松下村塾の新塾舎を建設し、私塾教育を本格化させる（『野山獄読書記』を終える）
一八五八	安政　五	二九	日米修好通商条約をめぐる違勅調印反対派への弾圧（安政の大獄）がはじまる。幕政批判の過激な言動により、ふたたび野山獄に投獄される
一八五九	安政　六	三〇	安政の大獄の渦中、江戸に召喚され、幕府による訊問のすえ、死罪（一〇月二七日、刑死）

参考文献

安藤紀一著・田村貞雄校注『前原一誠年譜』(原著一九二九年)マツノ書店、二〇〇三年
茨城県立歴史館編『肖像画の魅力—歴史を見つめた眼差し—』茨城県立歴史館、二〇一二年
今井宇三郎他校注『日本思想大系五三　水戸学』岩波書店、一九七三年(『新論』を所収)
海原　徹『吉田松陰と松下村塾』ミネルヴァ書房、一九九〇年
大川茂雄・南茂樹編『国学者伝記集成』大日本図書、一九〇四年
大野晋・大久保正編『本居宣長全集』(全二〇巻、別巻三)筑摩書房、一九六八〜九三年
岡村敬二『江戸の蔵書家たち』講談社、一九九六年
香川政一『吉田松陰』含英書院、一九三五年
川上喜蔵編著『宇都宮黙霖・吉田松陰往復書翰』錦正社、一九七二年
菊池謙三郎編『幽谷全集』吉田彌平、一九三五年
貴重図書影本刊行会『野山獄読書記』便利堂、一九三一年
桐原健真「吉田松陰『野山獄読書記』の基礎的考察」『文化』六七—一・二、二〇〇三年
桐原健真「死而不朽—吉田松陰における死と生—」『季刊日本思想史』七三、二〇〇八年
桐原健真『吉田松陰の思想と行動—幕末日本における自他認識の転回—』東北大学出版会、二〇〇九年
栗原茂幸「『新論』以前の会沢正志斎—註解「諳夷問答」—」『東京都立大学法学会雑誌』三〇—一、一

九八九年
小池喜明「開国の論理と心理」『攘夷と伝統―その思想史的考察―』ぺりかん社、一九八五年（初出一九八三年）
小林文雄「武家の蔵書と収書活動―八戸藩書物仲間の紹介―」『歴史評論』六〇五、二〇〇〇年
酒井三郎『日本西洋史学発達史』吉川弘文館、一九六九年
R・シャルチエ（福井憲彦訳）『読書の文化史―テクスト・書物・読解―』新曜社、一九九二年
住田正一編『日本海防史料叢書』（全一〇巻）巌松堂書店、一九三二年
瀬谷義彦「解題（新論）」今井宇三郎他校注『日本思想大系五三　水戸学』岩波書店、一九七三年
添川　栗『有所不為斎雑録』中野同子、一九四二年
高須芳次郎『会沢正志斎』厚生閣、一九四二年
高橋文博『吉田松陰』清水書院、一九九八年
瀧本誠一編『佐藤信淵家学全集』（全三巻）岩波書店、一九二五～二七年
知切光歳『宇都宮黙霖』日本電報通信社出版部、一九四二年
奈良本辰也校注『日本思想大系三八　近世政道論』岩波書店、一九七六年（『柳子新論』を所収）
日本随筆大成編輯部編『日本随筆大成第二期三巻　筱舎漫筆・萍花漫筆・兎園小説外集』吉川弘文館、一九七四年
橋川文三「国体論の連想」一九七五年、『橋川文三著作集』二巻、筑摩書房、二〇〇〇年
畑地正憲他編『明倫館国書分類目録　付・今井似閑本目録』山口大学人文学部漢籍調査班、一九九二年

尾藤正英「後期水戸学の特質」今井宇三郎他校注『日本思想大系五三　水戸学』岩波書店、一九七三年
広瀬　豊『吉田松陰の研究』武蔵野書院、一九四三年
前田　勉『近世神道と国学』ぺりかん社、二〇〇二年
前田　勉『江戸の読書会』平凡社選書、二〇一二年
丸山真男『日本の思想』岩波新書、一九六一年
源　了円『徳川思想小史』中公新書、一九七三年
宮崎市定『謎の七支刀—五世紀の東アジアと日本—』中公新書、一九八三年
若尾政希『「太平記読み」の時代』平凡社、一九九九年
渡辺　浩「「道」と「雅び」—宣長学と「歌学」派国学の政治思想史的研究—1〜4」『國家學會雑誌』八七—九・一〇、一一・一二合併号、八八—三・四、五・六合併号、一九七四〜七五年
Marx, Karl. / Engels, Friedrich. *Werke*. Berlin: Dietz Verlag, 1967. Band 37.
Plato. *Phaedrus*. Trans. Harold N. Fowler. Cambridge: Harvard University Press, 1925.

著者紹介

一九七五年、茨城県に生まれる

二〇〇四年、東北大学大学院文学研究科博士課程後期修了、博士（文学）

東北大学文学部助教等を経て、

現在、金城学院大学文学部教授

主要著書

『吉田松陰の思想と行動—幕末日本における自他認識の転回—』（東北大学出版会、二〇〇九年）

『吉田松陰—「日本」を発見した思想家—』（ちくま新書、二〇一四年）

『東アジアにおける公益思想の変容—近世から近代へ—』（共編著、日本経済評論社、二〇〇九年）

歴史文化ライブラリー

437

松陰の本棚

幕末志士たちの読書ネットワーク

二〇一六年（平成二十八）十一月一日　第一刷発行

著　者　桐《きり》原《はら》健《けん》真《しん》

発行者　吉川道郎

発行所　株式会社　吉川弘文館

東京都文京区本郷七丁目二番八号

郵便番号一一三—〇〇三三

電話〇三—三八一三—九一五一〈代表〉

振替口座〇〇一〇〇—五—二四四

http://www.yoshikawa-k.co.jp/

印刷＝株式会社　平文社

製本＝ナショナル製本協同組合

装幀＝清水良洋・陳湘婷

ISBN978-4-642-05837-7

歴史文化ライブラリー

1996.10

刊行のことば

現今の日本および国際社会は、さまざまな面で大変動の時代を迎えておりますが、近づきつつある二十一世紀は人類史の到達点として、物質的な繁栄のみならず文化や自然・社会環境を謳歌できる平和な社会でなければなりません。しかしながら高度成長・技術革新にともなう急激な変貌は「自己本位な刹那主義」の風潮を生みだし、先人が築いてきた歴史や文化に学ぶ余裕もなく、いまだ明るい人類の将来が展望できていないようにも見えます。このような状況を踏まえ、よりよい二十一世紀社会を築くために、人類誕生から現在に至る「人類の遺産・教訓」としてのあらゆる分野の歴史と文化を「歴史文化ライブラリー」として刊行することといたしました。

小社は、安政四年（一八五七）の創業以来、一貫して歴史学を中心とした専門出版社として書籍を刊行しつづけてまいりました。その経験を生かし、学問成果にもとづいた本叢書を刊行し社会的要請に応えて行きたいと考えております。

現代は、マスメディアが発達した高度情報化社会といわれますが、私どもはあくまでも活字を主体とした出版こそ、ものの本質を考える基礎と信じ、本叢書をとおして社会に訴えてまいりたいと思います。これから生まれでる一冊一冊が、それぞれの読者を知的冒険の旅へと誘い、希望に満ちた人類の未来を構築する糧となれば幸いです。

吉川弘文館

歴史文化ライブラリー

近世史

神君家康の誕生 東照宮と権現様——曽根原 理
江戸の政権交代と武家屋敷——岩本 馨
江戸の町奉行——南 和男
江戸御留守居役 近世の外交官——笠谷和比古
検証 島原天草一揆——大橋幸泰
大名行列を解剖する 江戸の人材派遣——根岸茂夫
江戸大名の本家と分家——野口朋隆
赤穂浪士の実像——谷口眞子
〈甲賀忍者〉の実像——藤田和敏
江戸の武家名鑑 武鑑と出版競争——藤實久美子
武士という身分 城下町萩の大名家臣団——森下 徹
旗本・御家人の就職事情——山本英貴
武士の奉公 本音と建前 江戸時代の出世と処世術——高野信治
宮中のシェフ、鶴をさばく 江戸時代の朝廷と庖丁道——西村慎太郎
馬と人の江戸時代——兼平賢治
犬と鷹の江戸時代 〈犬公方〉綱吉と〈鷹将軍〉吉宗——根崎光男
江戸時代の孝行者 「孝義録」の世界——菅野則子
死者のはたらきと江戸時代 遺訓・家訓・辞世——深谷克己
近世の百姓世界——白川部達夫
江戸の寺社めぐり 鎌倉・江ノ島・お伊勢さん——原 淳一郎
宿場の日本史 街道に生きる——宇佐美ミサ子
江戸のパスポート 旅の不安はどう解消されたか——柴田 純
〈身売り〉の日本史 人身売買から年季奉公へ——下重 清
江戸の捨て子たち その肖像——沢山美果子
歴史人口学で読む江戸日本——浜野 潔
それでも江戸は鎖国だったのか オランダ宿 日本橋長崎屋——片桐一男
江戸の文人サロン 知識人と芸術家たち——揖斐 高
エトロフ島 つくられた国境——菊池勇夫
江戸時代の医師修業 学問・学統・遊学——海原 亮
江戸の流行り病 麻疹騒動はなぜ起こったのか——鈴木則子
江戸幕府の日本地図 国絵図・城絵図・日本図——川村博忠
江戸城が消えていく 『江戸名所図会』の到達点——千葉正樹
都市図の系譜と江戸——小澤 弘
江戸の地図屋さん 販売競争の舞台裏——俵 元昭
近世の仏教 華ひらく思想と文化——末木文美士
江戸時代の遊行聖——圭室文雄
ある文人代官の幕末日記 林鶴梁の日常——保田晴男
松陰の本棚 幕末志士たちの読書ネットワーク——桐原健真
幕末の世直し 万人の戦争状態——須田 努
幕末の海防戦略 異国船を隔離せよ——上白石 実
江戸の海外情報ネットワーク——岩下哲典

歴史文化ライブラリー

黒船がやってきた 幕末の情報ネットワーク——岩田みゆき
幕末日本と対外戦争の危機 下関戦争の舞台裏——保谷 徹

近・現代史

五稜郭の戦い 蝦夷地の終焉——菊池勇夫
幕末明治 横浜写真館物語——斎藤多喜夫
横井小楠 その思想と行動——三上一夫
水戸学と明治維新——吉田俊純
大久保利通と明治維新——佐々木 克
旧幕臣の明治維新 沼津兵学校とその群像——樋口雄彦
維新政府の密偵たち 御庭番と警察のあいだ——大日方純夫
明治維新と豪農 古橋暉皃の生涯——高木俊輔
京都に残った公家たち 華族の近代——刑部芳則
文明開化 失われた風俗——百瀬 響
西南戦争 戦争の大義と動員される民衆——猪飼隆明
大久保利通と東アジア 国家構想と外交戦略——勝田政治
自由民権運動の系譜 近代日本の言論の力——稲田雅洋
明治の政治家と信仰 クリスチャン民権家の肖像——小川原正道
福沢諭吉と福住正兄《ふくずみまさえ》 世界と地域の視座——金原左門
日赤の創始者 佐野常民《つねたみ》——吉川龍子
文明開化と差別——今西 一
アマテラスと天皇 〈政治シンボル〉の近代史——千葉 慶
大元帥と皇族軍人 明治編——小田部雄次
明治の皇室建築 国家が求めた〈和風〉像——小沢朝江
皇居の近現代史 開かれた皇室像の誕生——河西秀哉
明治神宮の出現——山口輝臣
神都物語 伊勢神宮の近現代史——ジョン・ブリーン
日清・日露戦争と写真報道 戦場を駆ける写真師たち——井上祐子
博覧会と明治の日本——國 雄行
公園の誕生——小野良平
啄木短歌に時代を読む——近藤典彦
町火消たちの近代 東京の消防史——鈴木 淳
鉄道忌避伝説の謎 汽車が来た町、来なかった町——青木栄一
軍隊を誘致せよ 陸海軍と都市形成——松下孝昭
家庭料理の近代——江原絢子
お米と食の近代史——大豆生田 稔
日本酒の近現代史 酒造地の誕生——鈴木芳行
失業と救済の近代史——加瀬和俊
近代日本の就職難物語 「高等遊民」になるけれど——町田祐一
選挙違反の歴史 ウラからみた日本の一〇〇年——季武嘉也
海外観光旅行の誕生——有山輝雄
関東大震災と戒厳令——松尾章一
モダン都市の誕生 大阪の街・東京の街——橋爪紳也

歴史文化ライブラリー

激動昭和と浜口雄幸——川田 稔
昭和天皇とスポーツ〈玉体〉の近代史——坂上康博
昭和天皇側近たちの戦争——茶谷誠一
大元帥と皇族軍人 大正・昭和編——小田部雄次
海軍将校たちの太平洋戦争——手嶋泰伸
植民地建築紀行 満洲・朝鮮・台湾を歩く——西澤泰彦
帝国日本と植民地都市——橋谷 弘
稲の大東亜共栄圏 帝国日本の〈緑の革命〉——藤原辰史
地図から消えた島々 幻の日本領と南洋探検家たち——長谷川亮一
日中戦争と汪兆銘《おうちょうめい》——小林英夫
自由主義は戦争を止められるのか 芦田均・清沢洌・石橋湛山——上田美和
モダン・ライフと戦争 スクリーンのなかの女性たち——宜野座菜央見
彫刻と戦争の近代——平瀬礼太
特務機関の謀略 諜報とインパール作戦——山本武利
首都防空網と〈空都〉多摩——鈴木芳行
陸軍登戸研究所と謀略戦 科学者たちの戦争——渡辺賢二
帝国日本の技術者たち——沢井 実
〈いのち〉をめぐる近代史 堕胎から人工妊娠中絶へ——岩田重則
強制された健康 日本ファシズム下の生命と身体——藤野 豊
戦争とハンセン病——藤野 豊
「自由の国」の報道統制 大戦下の日系ジャーナリズム——水野剛也

敵国人抑留 戦時下の外国民間人——小宮まゆみ
銃後の社会史 戦死者と遺族——一ノ瀬俊也
海外戦没者の戦後史 遺骨帰還と慰霊——浜井和史
国民学校 皇国の道——戸田金一
学徒出陣 戦争と青春——蜷川壽惠
〈近代沖縄〉の知識人 島袋全発の軌跡——屋嘉比 収
沖縄戦 強制された「集団自決」——林 博史
原爆ドーム 物産陳列館から広島平和記念碑へ——頴原澄子
戦後政治と自衛隊——佐道明広
米軍基地の歴史 世界ネットワークの形成と展開——林 博史
沖縄 占領下を生き抜く 軍用地・通貨・毒ガス——川平成雄
昭和天皇退位論のゆくえ——冨永 望
紙 芝 居 街角のメディア——山本武利
団塊世代の同時代史——天沼 香
闘う女性の20世紀 地域社会と生き方の視点から——伊藤康子
丸山真男の思想史学——板垣哲夫
文化財報道と新聞記者——中村俊介

文化史・誌

毘沙門天像の誕生 シルクロードの東西文化交流——田辺勝美
落書きに歴史をよむ——三上喜孝
密教の思想——立川武蔵

歴史文化ライブラリー

歴史文化ライブラリー

- 話し言葉の日本史 —— 野村剛史
- 日本語はだれのものか —— 川口　良・角田史幸
- 「国語」という呪縛 国語から日本語へ、そして○○語へ —— 川口　良・角田史幸
- 柳宗悦と民藝の現在 —— 松井　健
- 遊牧という文化 移動の生活戦略 —— 松井　健
- 薬と日本人 —— 山崎幹夫
- マザーグースと日本人 —— 鷲津名都江
- 金属が語る日本史 銭貨・日本刀・鉄炮 —— 齋藤　努
- 書物に魅せられた英国人 フランク・ホーレーと日本文化 —— 横山　學
- 災害復興の日本史 —— 安田政彦
- 夏が来なかった時代 歴史を動かした気候変動 —— 桜井邦朋

民俗学・人類学

- 日本人の誕生 人類はるかなる旅 —— 埴原和郎
- 倭人への道 人骨の謎を追って —— 中橋孝博
- 神々の原像 祭祀の小宇宙 —— 新谷尚紀
- 女人禁制 —— 鈴木正崇
- 役行者と修験道の歴史 —— 宮家　準
- 民俗都市の人びと —— 倉石忠彦
- 鬼の復権 —— 萩原秀三郎
- 幽霊 近世都市が生み出した化物 —— 髙岡弘幸
- 雑穀を旅する —— 増田昭子
- 川は誰のものか 人と環境の民俗学 —— 菅　豊
- 名づけの民俗学 地名・人名はどう命名されてきたか —— 田中宣一
- 番と衆 日本社会の東と西 —— 福田アジオ
- 記憶すること・記録すること 聞き書き論ノート —— 香月洋一郎
- 番茶と日本人 —— 中村羊一郎
- 踊りの宇宙 日本の民族芸能 —— 三隅治雄
- 日本の祭りを読み解く —— 真野俊和
- 柳田国男 その生涯と思想 —— 川田　稔
- 海のモンゴロイド ポリネシア人の祖先をもとめて —— 片山一道

古代史

- 邪馬台国 魏使が歩いた道 —— 丸山雍成
- 邪馬台国の滅亡 大和王権の征服戦争 —— 若井敏明
- 日本語の誕生 古代の文字と表記 —— 沖森卓也
- 日本国号の歴史 —— 小林敏男
- 古事記のひみつ 歴史書の成立 —— 三浦佑之
- 日本神話を語ろう イザナキ・イザナミの物語 —— 中村修也
- 東アジアの日本書紀 歴史書の誕生 —— 遠藤慶太
- 〈聖徳太子〉の誕生 —— 大山誠一
- 倭国と渡来人 交錯する「内」と「外」 —— 田中史生
- 大和の豪族と渡来人 葛城・蘇我氏と大伴・物部氏 —— 加藤謙吉
- 白村江の真実 新羅王・金春秋の策略 —— 中村修也

歴史文化ライブラリー

古代豪族と武士の誕生――森　公章
飛鳥の宮と藤原京 よみがえる古代王宮――林部　均
出雲国誕生――大橋泰夫
古代出雲――前田晴人
エミシ・エゾからアイヌへ――児島恭子
古代の皇位継承 天武系皇統は実在したか――遠山美都男
持統女帝と皇位継承――倉本一宏
古代天皇家の婚姻戦略――荒木敏夫
高松塚・キトラ古墳の謎――山本忠尚
壬申の乱を読み解く――早川万年
家族の古代史 恋愛・結婚・子育て――梅村恵子
万葉集と古代史――直木孝次郎
地方官人たちの古代史 律令国家を支えた人びと――中村順昭
古代の都はどうつくられたか 中国・日本・朝鮮・渤海――吉田　歓
平城京に暮らす 天平びとの泣き笑い――馬場　基
平城京の住宅事情 貴族はどこに住んだのか――近江俊秀
すべての道は平城京へ 古代国家の〈支配の道〉――市　大樹
都はなぜ移るのか 遷都の古代史――仁藤敦史
聖武天皇が造った都 難波宮・恭仁宮・紫香楽宮――小笠原好彦
悲運の遣唐僧 円載の数奇な生涯――佐伯有清
遣唐使の見た中国――古瀬奈津子
古代の女性官僚 女官の出世・結婚・引退――伊集院葉子
平安朝 女性のライフサイクル――服藤早苗
平安京のニオイ――安田政彦
平安京の災害史 都市の危機と再生――北村優季
天台仏教と平安朝文人――後藤昭雄
藤原摂関家の誕生 平安時代史の扉――米田雄介
安倍晴明 陰陽師たちの平安時代――繁田信一
平安時代の死刑 なぜ避けられたのか――戸川　点
古代の神社と祭り――三宅和朗
時間の古代史 霊鬼の夜、秩序の昼――三宅和朗

各冊一七〇〇円～一九〇〇円（いずれも税別）
▽残部僅少の書目も掲載してあります。品切の節はご容赦下さい。